# 分享经济
# 实战攻略

读懂分享模式，重构商业体系

李 维◎著

民主与建设出版社

图书在版编目（CIP）数据

分享经济实战攻略 / 李维著 . — 北京 : 民主与建
设出版社 , 2017.3
ISBN 978-7-5139-1438-3

Ⅰ . ①分… Ⅱ . ①李… Ⅲ . ①商业模式－研究
Ⅳ.①F71

中国版本图书馆CIP数据核字（2017）第055359号

**分享经济实战攻略**

**FEN XIANG JING JI SHI ZHAN GONG LÜE**

出 版 人　许久文

著　　者　李 维

责任编辑　王 颂

封面设计　国风设计

出版发行　民主与建设出版社有限责任公司

电　　话　（010）59419778　59417747

社　　址　北京市朝阳区阜通东大街融科望京中心 B 座 601 室

邮　　编　100102

印　　刷　三河市九洲财鑫印刷有限公司

版　　次　2017 年 5 月第 1 版　2017 年 5 月第 1 次印刷

开　　本　710mm×1000mm　1/16

印　　张　16

字　　数　200 千字

书　　号　ISBN 978-7-5139-1438-3

定　　价　39.80 元

注：如有印、装质量问题，请与出版社联系。

分享经济，分享未来

随着移动互联网的快速发展，以 Uber、Airbnb 为代表的平台分享模式迅速兴起。"没有一辆自有汽车的出租车公司"、"没有一间自有房间的酒店企业"走进了大众视野，分享经济成为了当前的热门词汇。

创业创新成为了当前整个社会的主流。2016 年全国两会上，李克强总理在《政府工作报告》中两次提到了"促进分享经济发展"、"支持分享经济发展"，这足以看到国家对于分享经济的重视和支持。而分享经济正在我国的整体经济发展格局中发挥着越来越重要的作用。分享经济的内涵是人人参与、人人分享，将闲置资源充分利用起来，最大程度地发挥其能效性，为用户带来更好的体验。分享经济是一种"不求拥有，但求使用"的经济模式，它一改"先求所有，再求所用"的传统消费理念，使得所有权被使用权所取代、交换价值被分享价值所取代的节约型消费社会悄然而至。

不可否认，分享经济浪潮的来临，离不开企业创新力量的推动。正如滴滴专车盘活租赁公司车辆、京东到家的"众包物流"有效提升配送效率。分享经济的最大的特点就是通过激活社会过剩产能来促进经济的发展，这完全颠覆了依靠不断投入来换取经济增长的传统思想。也正是以此作为切入口，分享经济将诸多的社会闲置资源进行优化组合，变废为宝，最终唤醒了一个参与总人数超过 5 亿人口的中国分享经济市场。

分享经济之所以能够在互联网时代如此火热，能够释放出如此巨大的潜能，是需要一定的先决条件的：

首先，必须有闲置的社会化资源。这里强调的是社会化资源，而不是传统的竞争性资源。分享经济下，分享的乐趣大于单纯的按需购买。

其次，供需一体化，通过一个分享型的平台把供需双方链接起来，并且，在分享平台的两端是个人或者小型经济组织。

再次，互联网是分享经济得以实现的重要工具和载体。在互联网出现之前，没有可行的平台，造成了信息不对称问题，使得闲置资源的所有者和需求者之间很难实现精准匹配，资源供需匹配的成本也很高，因此，资源的分享难以实现。在移动互联网出现之后，资源匹配精准度提高，为分享经济的出现提供了契机和先决条件。

当然，作为一种创新的业态，分享经济的出现除了具备一定的先决条件，还需要创新制度的呵护。值得注意的是，分享经济在充分调动散落在社会各处的沉睡资源的过程中，依然会受到传统地域、行业管理的限制。要想打破这种束缚，使得社会资源尽可能地参与到社会经济的发展大循环中，就必须打破藩篱，创新机制。

当分享经济大行其道的时候，我们对分享经济背后更加深刻的东西却很少挖掘，就好像一款时尚的新大衣，人人都去争先恐后地披上，以穿为乐，在光鲜的背后却很少有人知道它的设计理念、裁剪技巧。事实上，无论企业还是个人，要想真正将分享经济应用于实现创新发展的过程中，还需要洞察到分享经济的真正内涵，只有这样才能更有内在动力去推进分享经济前进的步伐。这也正是全社会共同做大分享经济规模，促进社会整体创新能力提升、推动社会总福利增加的重要基础，这也正是分享经济作为"风口"开启的重要前提。

本书从初识分享经济、拥抱分享经济、分享经济的未来这三个部分带领读者逐渐由浅入深地领略分享经济的奥妙。全书还详细分析了传统企业如何在当前互联网时代拥抱分享经济，以及如何灵活应用分享经济商业模式创造出辉煌业绩。最后本书还展望了未来分享经济发展的趋势和前景。

分享经济，分享未来。希望通过本书对于分享经济知识和应用的分享，能够帮你创造出一个更加美好的未来。

第一篇

基础篇：分享源于创新

# 第一章

# 初识分享经济：揭开分享经济神秘面纱

当前，分享经济呈现出百花齐放、多元并存的新趋势。分享经济时代的兴起，是互联网＋生态文明双重力量催化的结果。互联网为分享经济的兴起提供了技术支持，而生态文明则为分享经济提供了内生动力。环保意识、精神消费、生活新方式这三个自觉意识是生态文明时代推动分享经济发展的内动力。分享经济预示着一个追求节约、低碳、实现物质与精神的均衡的新生活方式与新生产方式的革命正在兴起，这是生态文明时代破解能源环境危机、物质与精神消费失衡危机的新经济。

# 1.1 什么是分享经济

## 1. 分享经济的定义

分享经济实际上也叫共享经济、协同消费。分享经济理论最早是在 1984 年由美国麻省理工学院经济学教授马丁·威茨曼发表的《共享经济》一书中提出来的。著名的分享经济研究者、《零边际成本社会》的作者杰里米·里夫金曾讲到："分享经济带来了一场改变人类生活方式的资源革命，它带来了经济生活的全新组织方式，将会超越传统的市场规模。"从杰里米·里夫金的这句话中我们可以看到，分享经济与传统经济相比，则更具发展前景。

在 2016 年 3 月两会期间，腾讯 CEO 马化腾也对分享经济预言："分享经济将成为促进经济增长的新动能。随着科技的发展，生产力和社会财富快速提升，经济过剩成为全球的新问题。经济过剩带来了经济剩余资源，在企业层面体现为闲置库存和闲置产能，在个人层面则表现为闲置资金、物品和认知盈余。分享经济，恰恰是一种通过大规模盘活经济剩余而激发经济效益的经济形态。"

那么究竟什么是分享经济？所谓分享经济，是指个人、组织或企业，通过基于互联网的社会化平台分享闲置实物资源或认知盈余，以低于专业性组织者的边际成本提供服务并获取收入的经济显现，其本质是以租代买，资源的支配权以及使用权分离。

分享经济实际上是一个颇具尝鲜因子的商业模式，并且正在逆袭和改变了传统消费观念。在国外，最为典型的代表就是 Uber 和 Airbnb。其中 Uber 是提供出行车辆服务，Airbnb 是提供旅游租房服务。到目前为止，Uber 已经在全球 60 多个国家和 310 多个城市中均有覆盖，估值超过了 500 亿美元，成为全球估值最高的一家非上市公司。Airbnb 旗下拥有租住房间也比国际酒店巨头希尔顿的更胜一筹。在我国，分享经济的主要代表是滴滴快的和神州租车，这两者都是出行服务的典型，而木鸟短租则是提供旅游服务的代表。

其实，无论是国外的 Uber 和 Airbnb 还是国内的滴滴快的和神州租车，在最近几年都呈爆发式增长态势，并一举成为了互联网同类行业中的翘楚，并且在它们的引发下，带动了更多的企业开始进入以分享经济为模式的创业潮。

自 2014 年之后，分享经济快速扩张，并逐渐渗入各个领域。目前，除了房屋租赁，还在交通出行、家政服务、教育培训、读书分享、物流运输、餐饮服务等领域都有相关企业诞生。相关数据统计，2014 全球分享经济的市场规模达到了 150 亿美元。并预测，到了 2025 年，这一数字将上升为 3350 亿美元。

那么，分享经济为何如此受追捧？是因为分享经济可以调整社会存量，将闲置资源得到合理利用，从而保证资源更加高效地发挥其应有的功效。可以说，分享经济完全颠覆了传统经济增长的思路，是一种另辟蹊径、独具创新的全新经济模式。

以出行服务为例。拼车模式的出现，代表了互联网模式下的新型租车方式，这样民众通过拼车的方式，可以减少私家车的数量，从而减少 55% 的交通拥堵，这样既节约了道路资源和能源消耗，同时也降低了消费者的用车成本，对于平台、使用者、出让者、社会等多方来讲，都是一个多赢的结局。不但如此，一旦拼车被普及，并成为一种出行习惯，会大大降低城市空气被汽车尾气的污染。有数据显示，在德国，基于其"分享汽车"模式，使得其不莱梅市每年的二氧化碳排放量减少了 1600 吨。

**（1）分享经济定义中包含了三个基本内涵。**

①分享经济是信息革命发展到移动阶段后出现的新型经济形态。正是各种新型技术的出现以及快速发展，使得分享经济成为可能，这些新型技术包括互联网、宽带、大数据、云计算、物联网、移动支付、基于位置的服务（LBS）等。

②分享经济是连接供需的最优化资源配置方式。当前资源短缺与资源限制浪费已经形成了两大难以逾越的难题，分享经济利用互联网将那些散在各个角落的限制资源加以整合和利用，从而将闲置资源得到合理的利用，使那些资源短缺的个人、企业能够获得更多的、更好

的资源配置，实现供需双方快速匹配，从而大幅降低资源的浪费。

③分享经济是适应信息社会发展的新理念。工业社会强调生产和收益的最大化，崇尚资源与财富的占有；信息社会强调以人为本和可持续发展，崇尚最佳的用户体验和物尽其用。分享经济集中体现了一种新的消费观和发展观。

**（2）分享经济实现可持续发展的重要条件。**

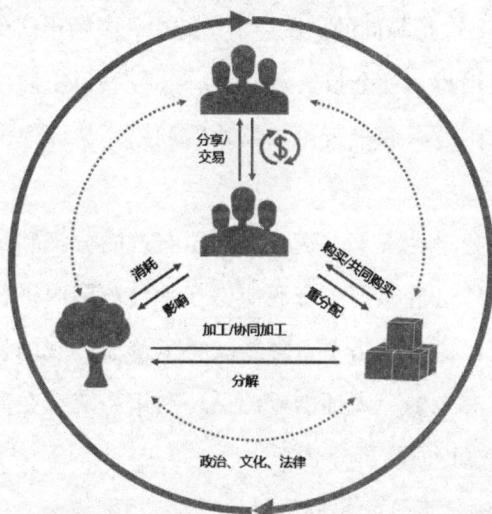

①人：人是整个分享经济的主体，一切分享内容都是围绕人来展开的，是其所处社群和社会中的活跃体。分享经济下，无论是个人、团体还是企业、组织、联盟，都可以作为参与者和分享者。所有的参与者和分享者都能够从中获益。在整个系统中，人权受到了极大的尊重和保护。人不但充当创造者的角色，同时也担当了协作者、生产者、分配者等任务。在分享经济下，无论是企业雇主还是雇员，人人平等，人人都能够得到充分的重视，所有人的想法和观点都能够受到尊重并且被接受和应用到整个生产运营过程中。

②生产过程：在分享经济中，人、组织、团体等都是参与者，参

与生产或者联合生产产品和服务活动。生产过程对于每个参与者来讲都是开放的、透明的，信息技术和互联网的不断发展使得产品开发实现了跨地域的协同。在分享经济中，人的社会责任感较传统经济环境下更加强烈，人们会尽量在生产过程中以减少或者尽量不破坏环境为前提。

③价值/交易系统：在分享经济下，无论是经济价值、环境价值、社会价值，其重要性是等同的。在整个系统中，多种形式的流通货币、区域货币、时间银行、社会投资等共存，并且采用物质或非物质的方式来激励人们对闲置资源进行更加高效的利用，从而保证分享经济的可持续发展。

④分配：在分享经济下，资源得到了有效的分配和重分配。社会组织形式以及法律法规保证了资源能够在社会范围内进行公平、高效的分配。闲置资源通过网络平台重新获得了价值体现的机会，这些闲置资源又组成了有效的、闭环的资源循环利用系统。在商品的使用期限截止时再将其进行回收再分享。

⑤能力：资源进行分配和再分配的同时，也对参与者的价值创造、商品生产、资源分配等能力提出了较高的要求。这一要求有助于全球形成一个开放、分享、分布式的管理体系，从而减少不公平交易，最终提升人们的生活水平。

⑥交流：分享经济中，所有的信息都是开放的、透明的，然而能够从中获得重要信息和知识的关键就是参与者之间能够进行良好的、开放的交流和沟通，这是分享经济高效运转的核心。社交网络促进了沟通和交流的高效性。

⑦文化：分享经济所提倡的是"健康、快乐、信任、可持续"，并将这几点作为其文化特征。分享经济下，所有的闲置资源都可以实

现跨地域分享，这样就势必会出现不同的文化、经济环境、种族、宗教文化，但是基于分享经济提倡人与人之间平等，这些不同点也就逐渐相互融合在一起，从而打破了文化差异。

（3）**分享经济与传统经济的差异**。虽然互联网时代的分享经济与传统分享经济都是以实现社会资源和福利共同分享为目标，但是两者之间依然存在着很大的差异，主要体现在以下几个方面：

①推动分享经济发展的动力不同。传统分享经济得以兴起和发展的动力是社会财富在企业内部与社会制度框架下的不公平；现代分享经济的兴起是在互联网、大数据、云计算等一系列技术以及人类所面临的资源短缺和环境危机的多重压力下形成的，分享经济为那些闲置或者暂时不用的资源提供了交换分享的可能。

②分享内容不同。传统分享经济所分享的对象是企业利润和社会财富，而互联网时代的分享经济是个人、家庭、企业等的闲置、剩余物品和资源。

③运行模式有所不同。传统分享经济是通过制度创新来实现的，分享经济能够良性运行是借助于制度的约束来实现的；互联网时代的分享经济是一种自发性的全新经济革命，是一种全新的市场交换经济。

④最终的形成结果有所不同。传统分享经济将公平分享财富作为最终追求的结果；互联网时代的分享经济是一种物尽其用、节约能耗、节约社会资源的全新经济形态。

⑤资本率高低不同。与传统经济模式有所不同，分享经济的主旨在于对社会资源进行最大限度的利用，因此，该经济模式的资本效率更高。

⑥进入门槛高低不同。分享经济所体现的不仅仅是一个理念，其以各种创新技术作为支撑，当人们利用分享经济的平台分享自己的资

产、时间、空间、知识、技能等各种闲置资源的时候，不仅进入过程十分容易、成本更低，而且获益更高。

总之，互联网时代的分享经济是建立在生态文明的基础上，预示着一个全新经济时代的来临，是对传统经济形态具有巨大冲击力的经济形态。

## 2. 分享经济变现的必备要素

可以说，分享经济为个人和集体以及企业提供了分享平台，使得原本手中的闲置资源有了重新发挥其作用的机会，也使得资源取长补短的效用得到了最大的发挥，实现了资源"1+1 > 2"，让每一个资源持有者和分享者都变成受益人。由此可见，实现分享经济对所有的资源分享者来讲，都会获得比单人独自持有闲置资源所获得的利益要大很多。

那么实现分享经济需要具备哪些必备要素呢？从分享经济发展的内在需求来看，分享经济变现首先需要具备以下几个关键要素：

（1）**目标：效率最高**。分享经济最初的定义是指把个人物品的使用权分享给别人而产生的新商业模式，然而，到现在，分享经济有了更加完美的定义，是一种能够高效利用资源的商业模式。因此，我们不难发现，实现分享经济的最终目标就是能够通过更加高效、合理地利用那些闲置资源，从而提升资源利用效率和社会效率。

然而，除了像我们通常讲的将那些业余资源投入专业服务领域来提升资源的利用效率以外，分享经济对效率提升所带来的自由也是一种进步标志。

滴滴打车、快的打车、PP租车、一点租车等汽车分享服务公司的出现，使得很多民众不用再承担摇号的焦虑以及养车的成本，通过这些分享服务公司所提供的租车资源分享，同样可以达到方便用车的目的，因此，很多人会选择放弃买车计划，转而将存款花在更加有意义和价值的地方。通过 E 家洁和阿姨帮等家政分享管理软件，那些小时工不用再像以往一样守在家政公司等待派活，而使得更多的潜在家政从业者把自己的碎片时间更好地合理安排，从而获得更多的收入。这些都是分享经济对效率的提升。

（2）条件：大众参与。发展分享经济，建立共享平台，不但可以有效拉动经济增长，更是响应国家"大众创业、万众创新"的号召的强劲新引擎，从而让更多的人参与进来，这样才能为实现共同富裕提供良好的契机。

在分享经济时代，每个资源所有者既充当资源的提供者，同时又是消费者和资源分享者，也是最终的获益者。这样就使得越来越多的人参与进来，从而创造出更大的价值。因此，传统的以技术发展为导向、利益独占甚至是赢家通吃的商业模式正在逐渐转向以大众参与为核心，以协同创新、共同分享为特点的创新 2.0 模式。

国家信息中心与中国互联网协会联合发布的数据显示："2015 年我国分享经济市场规模达到了 1.95 万亿元，分享经济提供服务者约为 5000 万人，参与分享经济的活动总人数超过了 5 亿人。"

（3）基础：相互信任。分享经济高速扩张的背后，不仅仅是因为它颠覆了传统的商业模式，更重要的是，它以一种更加独特、大胆的方式改变了人们的生活方式，成为一种病毒式的商业模式逐渐蔓延各个行业。然而，能够实现分享的基础实际上还是人与人之间的相互信任。

分享经济在互联网出现之前是难以想象和实现的，互联网的出现使得越来越多的陌生人可以更加快速地串联起来，从陌生变为熟悉，同时相互之间产生"借用"行为。互联网的出现使得实名化、身份化成为可能，为陌生人之间的"信任"创造了环境，从而也为培育信任创造了基因。

如果你想借用朋友的车子去某个地方去旅行，以往这种事情基本上是熟人之间的行为。但是，当前这种行为已经基于互联网的实名化、身份化发生了变化。然而神州租车充分利用这种熟识概念，借助互联网，使得司机实名注册，从而将这种行为发展成一种全新的商业模式，并为双方提供了安全保障和信任保障。相比较而言，传统的方式是你向你的朋友借用车子，或者正好顺路直接搭乘朋友的车子去目的地，而神州租车的概念与传统的"借用"或者"搭乘"很接近，不同的是你需要向神州租车提供一定的费用，而朋友则不会向你收取。不论是通过传统的"借用""搭乘"，还是使用神州租车到达目的地，其最终的基础都是一致的，都是建立在一种"信任"的基础上得以实现的。

（4）前提：**闲置资源**。可以说，分享经济帮助那些闲置资源找到了增收的渠道，将社会上的闲置资源透过租借、交换等方式，开辟出一条新的财路。但分享经济的变现要素更少不了闲置资源，只有手中拥有可以用于分享的闲置资源，才使得分享经济的变现成为可能。

## 分享经济变现的必备要素

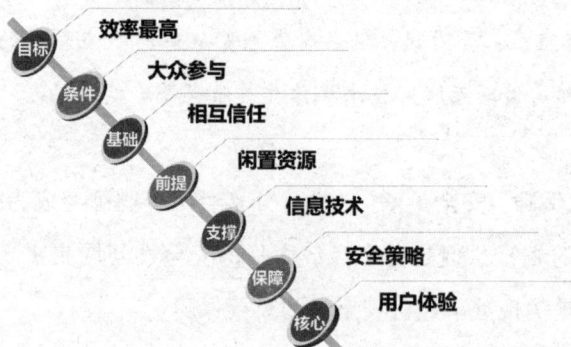

效率最高
目标

大众参与
条件

相互信任

基础
闲置资源

前提
信息技术

支撑
安全策略

保障
用户体验
核心

（5）**支撑：信息技术。**分享经济的鼻祖罗宾·蔡斯提到了分享经济的模式是：产能过剩 + 分享平台 + 人人参与。然而分享经济的发展得益于信息技术的支撑，信息技术为分享经济的发展提供了技术支持，尤其是互联网的协助，为分享经济提供了分享平台。分享经济涉及的拼车、拼房、图书共享、日常用品交换等方方面面都可以通过互联网实现。只需一部智能手机，就可以将世界各地的消费者联系起来，实现直接交换、资源分享。因此，互联网的出现大大简化和优化了分享过程，使得消费者能够享受互联网带来的更为方便快捷的服务。

随着互联网的发展，人们借助互联网发布自己的需求，跟其他消费者一同合租旅馆、汽车等，以较低的价格成本满足自己的需求。与此同时，出租者可以借助互联网，使得各种闲置物品、资源和服务都能通过互联网平台实现信息共享和传递，从而撮合了交易，他人手中的无价值物品往往成为自己踏破铁鞋四处寻求的急需品。

仅以我国当前分享经济发展为例。当前我国分享经济的主要代表有提供车辆出租服务的滴滴快的、神州租车；提供旅游短租服务的木鸟短租；提供创意设计、网站建设、文案策划的猪八戒网；提供知识分享、好书解读的维书会；提供智力资源共享的果壳网；提供上门便捷服务的e袋洗、河狸家、美团网；提供周边免费 Wi-Fi 热点信息的 Wi-Fi 万能钥匙等，都是借助互联网技术搭建相关服务平台实现的。

（6）保障：安全策略。当前，分享经济企业已经成为了大众创业、万众创新的先锋，但是分享经济面临的安全性问题更需要多加重视，安全策略是实现分享经济安全性的重要保障。

以滴滴为例。自 2012 年 6 月成立至今，滴滴出行已经逐渐成长为移动互联网领域中发展最快的创业企业之一，由此滴滴出行的业务量也在逐年激增，然而安全问题成为滴滴出行发展的关键所在。安全出行是滴滴出行的创业理念，同时安全也是乘客保护自我的一种权利。因此，2016 年 3 月，滴滴出行制定并发布了自我安全管理标准和规定——滴滴出行安全管理工作指引》，从而使其安全策略在公众面前公开透明化。

滴滴出行借助大数据优势，探索基于大数据的出行安全管理模式，并一如既往地将其作为自身的发展方向。通过行程全记录、用户隐私保护、驾驶行为检测、意见迅速报警等诸多有效的科技手段，保障司机和乘客的出行安全。与此同时，滴滴出行还花重金派地推人员广泛传播出行安全理念，以期在同行业中树立起安全出行的标杆，并且滴滴出行还针对特殊群体提供更加安全的出行措施和活动，如分爱行动、宝贝计划等。

（7）核心：用户体验。分享经济最终目的应该是让闲置资源更充分的利用，创造价值以满足消费者需求。而消费者的需要已经由最初的功能需求阶段上升到体验需求阶段，甚至个性化需求阶段。因此，大家在分享和接受分享的过程中的体验就变得非常重要，用户体验是分享模式成功的关键。在信息技术的作用下，分享经济极大地降低了交易成本，能够以更加快速、便捷、低成本、多样化的方式满足消费者的个性化需求。用户评价能够获得及时、公开、透明的反馈，这样就对消费者的选择产生直接的影响，从而有效推动平台和供给方更加努力改进、完善和提升服务质量，将用户体验的满意度作为服务质量提升的标准。

### 3. 分享经济的基本特征

时代在变迁，创业创新成为当前整个社会发展的主流，与此同时"使用但不占有"的分享经济也逐渐深入人心，从而为我们开启了一个全新的经济时代。当前，分享经济的平台已经覆盖了人们生活的各个领域，包括交通出行、旅游住宿、办公分享、美食分享等，对生产要素进行了重新配置，并且对供需平衡以及消费升级产生了颠覆性影响。

正是因为分享经济的出现，使得人们的选择更加多样化，使得人们的生活变得更加容易、便捷、丰富多彩。那么分享经济究竟有哪些基本特征呢？

（1）资源要素的快速流动与高效配置。众所周知，在我们的现实世界中，资源的拥有量是十分有限的，但是闲置资源和浪费却普遍存在，如闲置汽车、闲置房屋、闲置设备、闲置土地、闲置时间、闲置空间、闲置知识等，这些造成了很大程度上的资源浪费。分享经济就是要将那些海量的、闲置的、分散的资源通过互联网进行整合和利用，加快资源要素的流动速度，从而让这些资源的价值得到最大限度的发挥，满足消费者日益增长的多样化需求的特点，实现"稀缺但很富足"。

另外，分享经济除了加快资源要素的流动速度之外，也在整合的过程中实现了资源的高效匹配。依托于互联网平台，使得各行各业中的信息不对称问题得到了解决，一方面资源提供者将闲置资源在互联网平台上透明化、公开化；另一方面消费者可以在该互联网平台上更加清晰地看到哪些是自己需要的资源，从而实现了多点对多点的资源匹配，使得原本闲置的资源重获价值。

## 分享经济的基本特征

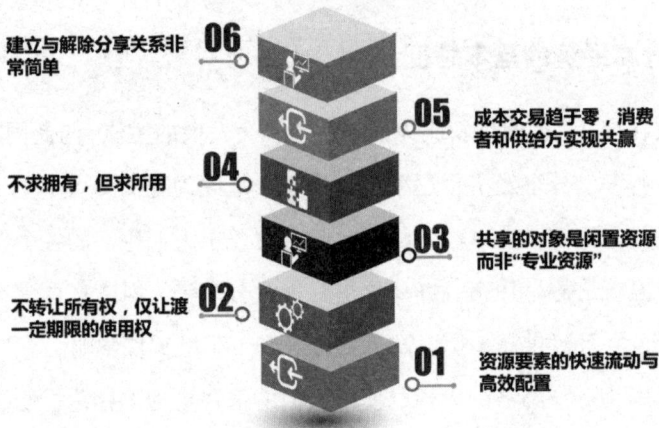

建立与解除分享关系非常简单　**06**

**05**　成本交易趋于零，消费者和供给方实现共赢

不求拥有，但求所用　**04**

**03**　共享的对象是闲置资源而非"专业资源"

不转让所有权，仅让渡一定期限的使用权　**02**

**01**　资源要素的快速流动与高效配置

（2）**不转让所有权，仅让渡一定期限的使用权。**分享经济主要是采用以租代买、以租代售等方式让渡了产品或服务的使用权，实现了所有权与使用权的分离，最终实现了资源利用率的最大化。从当前分享经济的发展来看，分享经济正逐渐向更多的领域渗透，越来越多的物品和服务的需求者通过分享平台暂时性地从供给者那里获得一定期限的使用权，相对于购置而言，很大程度上降低了成本，并在完成使用目标后再转移给其所有者。

（3）**共享的对象是闲置资源而非"专业资源"**。分享经济的关键在于将资源与他人进行分享，并从中获取一定的回报，但是分享经济所分享的资源，强调的属性是闲置的、业余的资源，而非"专业资源"。因为专业资源本身具有非常鲜明的价值，因此往往会被人加以重视和利用，而那些闲置的、业余的资源所蕴含的巨大价值往往会被人们所忽略，甚至遗忘。分享经济恰好将那些看似在供给者手中毫无使用意义和价值的商品重新发光发热，并且提升资源的利用率。这也正是分享经济分享的重要目标。

（4）**不求所有，但求所用**。基于分享经济所分享的资源仅仅是将其使用权进行让渡，而非将其所有权也进行转让，这样，对于消费者而言，即便是无需花费更多的资金来购买就可以达到满足需求的目的；对于供给者者来讲，其资源的所有权依然属于自己，因此可以将该闲置资源的使用权进行二度、三度，甚至是无限次让渡，从而获取无止境的回报。这正是分享经济时代实现闲置资源分享的意义所在。

对于这一点，我们感受最深的莫过于汽车。据相关机构统计数据显示，世界上每天出行的 10 亿辆汽车中，从早上 9 点到晚上 6 点，至少有 7 亿辆汽车停在车库里处于闲置状态。这就产生了巨大的资源浪费，也正是这种情况下才出现了出租车模式的颠覆与创新，才有了像 Uber、滴滴打车之类的分享经济创业模式。并受到那些既有乘坐便捷汽车出行需求，但又不愿意或无力出资购买汽车的消费者的青睐和认可。

（5）**成本交易趋于零，消费者和供给方实现共赢**。分享经济是借助互联网平台来完成交易的，基于互联网免费的特点，分享经济也同样具备几近于零成本的优势。在互联网平台上可以实现多点对多点的大规模、网状交易，使得交易双方能够自动撮合，双方的地位处于对等状态，没有哪一方强迫哪一方的现象，是一种"你情我愿"的合作关系，因此消费者和供给方之间可以实现共赢。

## 分享经济

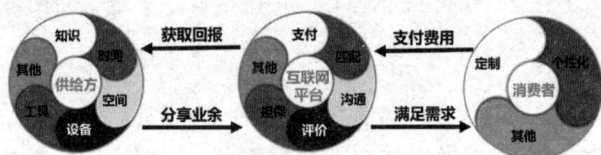

（6）建立与解除分享关系非常简单。基于互联网平台的搭建，无论是供给方还是消费者，都可以随意加入分享平台，或者离开分享平台，不存在解除雇佣合同或者交易合同之类的复杂程序。

从以上几点特征我们可以看出，分享经济与传统经济存在很大的区别，同时这些特点也优于传统经济，这些特征也正是当前全球大力发展分享经济的重要原因。

### 4.分享经济的价值

随着互联网经济的逐渐深入和发展，基于用户和用户之间的对于某些闲置资源的分享，搭载着资源与服务的新型经济形态的商业模式即分享经济诞生了，分享经济作为一种点对点的经济模式闯入人们的生活中，并一步步给各行各业带来强烈的市场冲击和影响，甚至撼动着既有的行业秩序。

分享经济的兴起，使得传统的消费行为发生了变化，经过将零碎的闲置资源进行集聚和整合，并公开化、透明化地分享给他人，最终将传统的经济模式推向了一个全面变革的新阶段，分享经济的价值也由此得到了高效发挥。那么分享经济有哪些价值呢？

（1）扩大了交易主体的可选空间和福利提升空间。传统的经济模式中，消费者往往是处于劣势地位，只能被动接受商家所提供的商品和服务，并且部分人对商品的使用体验感受所作出的评价只能被压缩在一个熟人圈子中，而基于互联网平台的分享经济模式下，无论是买方还是卖方，都能够借助互联网来发布自己的需求以及供给，这样就在一定的程度上增加了需求者和供给者的可选交易对象，并且还能够掌握更多有关交易对象的相关信息，从而有效避免和减少了欺诈和不公平交易的风险，与此同时还降低了交易成本，从根本上提升了双方交易的质量和速度，也有利于提升双方福利空间。

举一个简单的例子。当前很多个人将自己的闲置住房通过诸如赶集网、58同城等网络平台进行出租，并且提供了相对较为全面的房屋信息，包括房屋所处位置、周边便捷服务设施、房屋格局、室内环境等，这些信息为那些暂时没有购买条件，或者更加愿意将用来购房的资金用于商业投资的租客提供了非常详细的出租信息，便于租客更好地了解房源，为租客扩大了可选空间，租客可以根据这些信息进行多方对比，然后决定是否租住，这样有效提升了出租交易达成的效率，减少了闲置房屋的空置时间，更重要的是无论是房屋所有者还是租客都能够在整个过程中收益。

（2）改变了传统的知识产权观念，培育了合作意识。分享经济的出现使得更多的私人物品在保留原有所有权的基础上，让更多的人以较低的价格即可以分享到所需物品和服务，从而压缩了个人物品中私人专用物品的相对空间，可以说分享经济的这种有偿分享的方式扩充了公共物品概念的内涵，同时也蕴含了集体经济的发展，推动了社会共有形式向前迈进。基于互联网平台，出租或者有偿借用物品给陌生人，从根本上扩大了每个人的社交圈，也逐渐培养了人们的分享、合作意识。

## 分享经济的价值

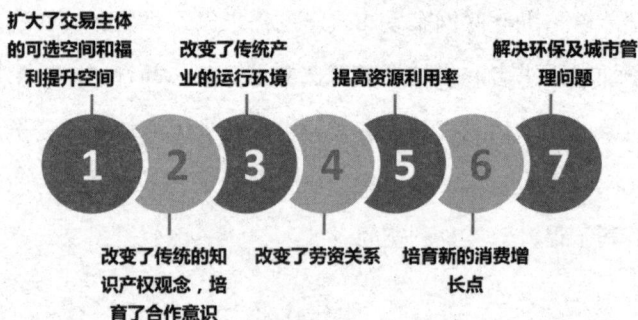

扩大了交易主体的可选空间和福利提升空间

改变了传统产业的运行环境

提高资源利用率

解决环保及城市管理问题

1　2　3　4　5　6　7

改变了传统的知识产权观念，培育了合作意识

改变了劳资关系

培育新的消费增长点

（3）改变了传统产业的运行环境，形成了一个全新的供给模式和交易关系。传统经济模式中，企业家组织生产要素为消费者提供产品，在生产环节的组织化程度非常高，消费者充当的是散客的角色。相反，互联网时代的分享经济下，消费者的组织化程度有了很大的提高，企业家为消费者所提供的商品更加趋于精准，从整个经济社会角度来看，分享经济间接地减少了社会的总供给量，这样就大大减少了因过度生产而造成的库存积压，有效避免了资源浪费，传统的过度消费习惯将就此终结。

（4）改变了劳资关系。分享经济彻底改变了传统经济模式下的企业雇佣模式和劳动力全职就业模式，这样，那些具有创新能力的人就可以在家中充分开启自己的谋生模式，根据自己的兴趣和爱好自由发挥，创造出更加新颖、有趣的商品。实际上，大多数参与分享业务的人都拥有自己的本职工作，而这些分享业务仅仅是他们的业余收入。对于企业而言，这种模式既能够保证整个企业灵活运转，同时也免去了因裁员和人员短缺而招聘的痛苦和繁琐，也减少了因职工奖金、保险、退休金等带来的资金成本。因此，不难看出，这种工作模式，无论对于个人还是企业来讲都是大有裨益的，从而使得社会成员逐渐肩负起自由职业者和兼职人员的混合角色，使得整个社会逐渐变成一个具有全合约特色的社会。

（5）提高资源利用率。在分享经济时代，几乎所有的资源都能够摆脱闲置状态，并且能够找到合适的需求者进行供给与需求的匹配，从而使得资源利用率得到了极大的提升。

（6）培育新的消费增长点。从供给方来讲，分享经济盘活了原本潜伏在个人和企业手中的剩余资源，扩大了全社会的供给量；从需求方来讲，由于总供给量逐渐扩大，降低了整个社会中的总体物价水平，并且借助于公开、透明化的交易平台，提升了对供给方以及其提供商品的了解，从而有助于提升消费者的购买意愿，进而提升交易量。基于分享经济能够培育新的消费增长点的优势，激励了越来越多的人加入到分享经济创业项目当中。

根据相关机构调查数据显示，2008—2015年，全球分享经济企业融资交易次数达到了800多次，融资总金额达到了270亿美元。2015年我国有将近2000个投资机构共投入3.2万个项目。另外，据不完全统计，仅2015年，我国的51talk、蜻蜓FM、住百家均已完成了C轮融资，融资金额分别为5500万美元、3000万美元、5亿元人民币；e袋洗进行了B轮融资，金额为1亿美元；滴滴出行累计融资金额达到了229.45亿元人民币。从各个互联网创业企业加大融资力度、提升自身估值的现状来看，当前越来越多的企业已经嗅到了分享经济时代，全新经济增长点必然能给其创造出更多利润，这也是为何当前全球越来越多的企业正在全面加入创业潮的原因所在。

（7）**解决环保及城市管理问题**。当前，交通拥堵、资源紧张、劳资矛盾、收入分配不均等问题成为严重影响经济发展的因素。分享经济能使得城市间的信息进行交换和共享、人力资源实现共用，有效缓解了资源短缺的问题。另外，分享经济实现了供需匹配，缓解了市场供需矛盾问题，这样就避免了城市化进程所带来的重复建设和重复消费，很大程度上降低了环境污染。实际上，环保和城市管理是分享经济作为一种可持续发展经济模式的核心价值体现。

城市化实现了高层建筑的拔地而起，实现了车水马龙的繁华景象，同时也带来了严重的环境污染问题，如楼盘拆除重建产生的漫天粉尘和刺耳的噪音，汽车穿梭在马路上的鸣笛声和大量的尾气，以及带来的交通拥堵问题等。而分享经济则实现了房屋分享、车辆分享，从而在减少了私人房屋闲置同时也实现了城市住房供需关系的平衡，拼车服务也在便利出行的同时极大地改善了交通堵塞问题，减少了尾气排放。

# 1.2 分享经济的意义

## 1.2.1 重构人与人之间的信任关系

随着互联网，尤其是移动互联网在全球范围内的迅猛发展，分享经济的模式在制造业、服务业的应用更加广泛。在这个应用过程中，各种基于分享经济的创业企业如雨后春笋般快速崛起，如 Airbnb、Uber、小猪短租、滴滴顺风车等比比皆是，从当前整个社会分享经济的发展情况来看，毋庸置疑，人们已经逐渐步入了人人分享的时代，这是对传统经济模式的一种强烈的颠覆。

分享经济一度被国际上推崇为与"智能制造"并列的当今世界的两大发展主题。由此可见，分享经济在全球中受到的重视程度相当高。分享经济的最终目标是将供给方的闲置资源分享给需求方，因此，在整个分享经济中，人起到了主导性作用。与传统经济相比较，分享经济正逐渐改变我们当前的行为方式，也从根本上重建了人与人之间久违的信任，这也正是分享经济的意义所在。

我国的滴滴出行也是一个非常典型的重新建立社会契约和信任关系的例子。滴滴出行为了对用户安全出行提供保障，不惜投入大量的人力、物力，自成立以来在安全方面投入总额已经超过数亿元，预计在今后每年将投入 1 亿元专门为用户打造"十分安全"的出行体验。近期正式发布了《滴滴出行安全管理工作指引》第二版。新版安全指引在安全审核、事故处理、技术以及资金投入方面进行了全面升级。其中，在安全事故处理中，滴滴出行将主动承担 100% 的赔偿责任。在对驾驶员和车辆设定严格准入标准的基础上，滴滴出行与多个国家的有关部门展开了紧密合作，对驾驶员进行严格审核与筛查，防止可能威胁乘客安全的人员进入平台。其实滴滴出行这么大张旗鼓的举措，就是为了通过各种保障乘客安全的方法来建立司机与乘客之间的信任关系，让乘客可以搭乘车的时候更加舒心和放心。这也是滴滴出行平台沉淀人与人之间信任的一种有效方式。如果滴滴不能沉淀信任，那么司机和用户就不会附着于平台上，平台的可持续性也将大打折扣。基于这种信任关系，对于司机来讲，也不用担心用户下车后不会付款的情况出现。

## 1. 分享经济推动社会信任关系的建立

分享经济的运作模式与传统经济形式相比，供需方之间都是相互陌生的自由个体，通过搭载互联网的分享经济平台分享各种闲置资源，包括实物资源，如房屋、车辆、金钱等，也可以分享无形资产，如时间、技能、知识等。陌生个体之间分享闲置资源，需要建立一定的信任保障，除此以外无需任何供需方提供交易担保或抵押实物。分享经济从某种意义上来讲，实际上也是一种信任经济。信任是陌生的供需双方实现分享的前提，信任保障体系决定这信任的程度，从而也影响着闲置资源分享的活跃度和平台的发展前景。

分享经济主张将闲置资源通过租借、交换的方式实现分享，并以此实现供需双方的共赢。继韩国推出汽车共享之后，香港的一家名为"要有光"的社会地产企业推出了房屋分享"光房"。光房成立于2012年，主要是联合业主以及有房屋租赁需求的人士，并且以低于市场价格的租金出租单位（一个"单位"包含多间房屋，这里所指的实际上是房中房出租）给单亲妈妈家庭。光房的创建初衷不仅仅是从中赚取一定的利润，还将部分赚来的资金投放于社会企业责任上，将赚钱和满足社会需求相结合，有意改变租客的生活和生命。为此，不少单亲妈妈在光房的帮助下不但实现了自力更生，还可以使相邻的两个家庭之间相互照应。而对于那些租户来讲，每次到了该交租金的时候，她们都准时缴纳，这也让业主大为放心。正是基于这种相互之间的信任，使得邻里之间的关系再次连接。自光房创建至今，将近4年的时间里，已经从最初的1个单位以及几个家庭，发展到当前100多个家庭，同时250个单亲妈妈实现了自力更生。

可以说，分享经济使得其中的参与者之间通过分享与被分享这样的互动，让陌生人联系在一起，这本身就推动了于社会信任的建立。一方面，分享平台为产品的使用者和所有者双方提供了风险保障，利用实名制、背景核实、评价机制等方式是信任能够达成的最佳途径。如滴滴出行，无论是司机还是乘客，都必须实名注册才能使用。这样就能够让司机和乘客之间很好地建立一种信任关系。

**2. 分享经济有效改变传统隐私观念**

在传统观念中，人们总是认为自己的身份、家庭住址、生活状态、家庭成员等诸多信息都是需要作为隐私而重点给予保护的。能够将这些隐私拿出来与素不相识的陌生人共同分享，更是不可能的事情。

但是，随着互联网技术的不断发展，以及人们思想观念的不断转变，对于隐私的界定已经不再那么严格。当前，微信、微博、QQ等诸多社交平台的出现，使得人们在不经意间就将自己的隐私分享了出去，包括个人生活状态、家庭情况、家庭成员、情感经历等，但是对于这种隐私分享，人们并不会在意。相反，还会刻意把自己的兴趣爱好、出行地点等进行分享，这样就使得原本在人们看来是极其隐私的个人信息，逐渐变得公开化。这一切表明，实际上，只要在不伤害自身利益、声誉的情况下，人们还是喜欢将自己的部分隐私与别人一起分享的。而分享经济借助网络平台进行分享的方式，正好是顺应了人们这种社会需求而产生的。

人们之所以害怕将自己的隐私分享出去，是顾忌到别人的恶意伤害。分享经济借助网络平台预警机制和信用评价机制，不给犯罪分子留下任何犯罪机会，为那些诚实守法的参与者提供了很好的隐私保护。这也是资源所有者和使用者之间能够形成信任关系的一个重要原因。

信任的建立可以通过多种方式实现。即便是在两个不同地方的两个人，如果发现彼此之间有共同的兴趣和爱好，往往更加容易成为朋友，并且相同的兴趣和爱好也是可以提升双方在彼此心目中的信任度。

先看一个典型的例子。Couchsurfing 在我国被称为"我是沙发客"，沙发客网站会通过个人主页为用户提供一个自助游交换信息平台，在这个平台上，用户之间进行信息交换是不需要缴纳任何费用的。这样，信息非常丰富的主页能够给用户带来一种安全感，不用担心任何欺诈问题，因此使得很多人都愿意在这里进行尝试，并且个人主页上提供的信息都是经过精心筛选出来的能够激起大多数用户兴趣的信息。实际上，个人主页中的信息越丰富越好，因为通常那种空白个人主页往往会给人带来一种不安、怀疑的感觉。另外，只有当沙发主和沙发客的兴趣、爱好相同或相近的时候，彼此之间才更容易达成共识，进而信任对方。Couchsurfing 的创始人在创建沙发客网站的时候，其创意是来源于一次旅行，随后迅速以独特的理念在年轻人当中流行起来。在网站的设计上，关于各方面的信息沙发客网都力图做到详尽，与客户之间建立起一种高度的信任，方便更多的用户了解相关信息，同时也可以更加安心地使用沙发客网。

当然，通过分享平台的个人主页建立其信任仅仅是信任创建方式中的一种，还可以通过提高人性化服务水平，从版面视觉上冲击用户的内心，完善整体界面，增加客服服务环节以及利用其他高科技手段来获取用户的信任。

### 增加客户信任的六种方法

另外，值得注意的是，信任的建立还应当考虑成员的风土民情、社会风气、经济环境、宗教信仰等诸多因素的影响，因此，要实现分享经济能够运行的商业形态，首要任务是通过多方努力建立完善的信任机制。

### 1.2.2 资源分享，解决经济剩余问题

经济剩余是影响一个国家快速发展的"痼疾"。资源利用率不高、社会闲置资源浪费，必然给国家的发展造成产业结构严重失调的问题。分享经济通过对原有资源的利用来解决经济剩余的问题。这颠覆和改变了以往通过不断投入来刺激经济增长的传统思维方式。大力发展分享经

济可以扭转当前经济剩余的困境，大规模盘活经济剩余，可以通过资源分享，激发经济效益的不断提升，是经济转型升级的必然趋势，是一条可持续发展的道路。

所谓经济剩余即社会化大生产和社会化过度消费的产物。简言之，就是产品的生产出现明显剩余和潜在剩余的情况，有的生产商虽然看似已实现了零库存，但事实上很多产品却被积压到了各个渠道的仓库，比如销售商、运输途中等；而消费者方面则因为家庭收入的逐渐提升，购买能力也随之提升，这样消费者的购物行为并不是像以前一样因为需要而产生，而是衍化成为了一种想买就买的习惯，从而使得购置的同类商品太多而将其闲置家中，甚至有的产品在其生命周期在还没有完全结束的时候，就已经被抛入了路边的垃圾桶。这样就使得无论是生产商还是消费者，实际上都造成了产品的大量积压。

因此，经济剩余对于生产商而言，表现为产品在库存和产能方面的闲置，对于消费者个人而言，表现为资金、物品、认知盈余的闲置。

这种经济剩余一方面将使行业的经济效益持续恶化，潜在的金融风险不断积聚加深；另一方面，零零散散的经济剩余存在于社会的各个角落，使得行业内占据了大量闲置优质资源，挤压了同行业中其他有利于经济转型企业的生长空间，抑制了整个行业的生产效率的提升即便是将其进行整合，但整合成本极高，且不太容易大规模实现。

分享经济的出现则建立在互联网技术的基础上，能够更加高效、快速地将大量碎片化经济剩余整合到专业的平台上，可以在社会范围内进行大规模的供需分配，从而产生了更加高效的经济收益。由此就可以回答有关分享经济的几个问题：

1.分享经济如何形成？

经济剩余是物品、资金、时间、库存、产能的闲置，只要有闲置，就逐渐会有分享行为的产生，这也便为分享经济的出现提供了良好的契机。

2.分享经济的适用范围？

不仅仅生产商和个人是导致经济剩余的源头，各个企业、城市，甚至政府都会产生经济剩余，总之有人的地方就会产生经济剩余的现象。因此，可以说，分享经济的适用范围非常广泛，只要有人的地方都可以实现分享。即人人参与，人人分享。

3.分享经济的发展需要什么条件？

经济剩余的分享，如果仅仅凭借人与人之间口口相传的方式来实现，其获得的效果将微乎其微，仅限于小区域内人口规模较小的情况下才能得以实现，而跨区域出现经济剩余的情况时，如果使用这种方式来解决经济剩余问题，实现起来是有较大难度的。然而，网络平台的出现，则借助互联网、移动互联网短、平、快的特点，能够将更多的散落在各个区域的人更好地连接起来，使得经济剩余问题能够更加快速解决。在网络平台上，能够想象出来的任何内容几乎都可以实现快速分享。因此，网络平台为分享经济的发展提供了必要的条件，对分享经济起到了很好的支撑作用。当然，这种网络分享是应当消除中介的存在的。

4.分享经济中谁是最终的获益者？

分享经济的根本就是实现人人参与、人人分享，在有效整合资源、解决经济剩余问题的前提下实现资源供需的平衡、资源使用效率的提升，从而带来产能的提升、经济效益的提升。一方面，作为资源的所有者来讲，将自己的闲置资源分享出去，让自己的闲置资源有重新利用价值，不但为家中腾出了空间，同时还可以获得相应的资金回报；另一方面，作为产品的使用者来讲，别人的闲置资源恰好是自己的价值资源，可以利用别人的闲置资源使得自身需求得以解决。这样，无论是闲置资源的所有者还是使用者，都是分享经济中的受益者。

　　既然分享经济可以有效解决经济剩余的问题，实现资源整合，以达到剩余资源的合理配资，那么分享经济究竟可以通过哪些分享模式实现经济剩余问题的合理解决呢？

### 1. 使用权剩余的分享

　　分享经济解决经济剩余中的第一个问题便是使用权的分享问题。当人们手中的物品逐渐多起来的时候，就会想办法将其租出去，这种出租方式也就是个人闲置资源的分享方式，通常有闲置物品的分享，可以通过个人在线出租平台实现；另一种是闲置资金的分享，当前资金分享主要是通过 P2P 借贷平台，即通过借给第三方使用的方式实现。

　　当前，随着分享经济的崛起和发展，国内的 P2P 借贷平台数不胜数，其中不乏优秀者，但也不免有鱼目混珠者。我国目前排行前十的优秀 P2P 借贷平台有：团贷网、陆金所、人人贷、有利网、拍拍贷、宜人贷、钱贷网、合拍在线、开鑫贷、红岭创投。

　　事实上，这种使用权剩余的分享模式，也是一种典型的租赁模式。在这种模式下，几乎一切物品都可以分享，因此使用权实现分享的闲置资源范围迅速扩大，房屋、车辆、游艇、自行车、图书、资金等，都可以实现使用权剩余的分享。这样，可以调动社会上沉淀下来的不创造价值的大量闲置资源，可以重新激发它们的使用价值，有效提高了资源的利用率。

　　使用权剩余的分享，可以使得"出租方"通过自己的闲置资源而获益，使得"承租方"能够获得更加经济和便利的产品使用权。因此，越来越多的个人、企业，从之前的购买产品本身，逐渐上升为购买产品的使用权。这种使用而不占有的方式已经成为当前的一种趋势，打破了传统的私有物品的排他性，只有所有者才具有使用权的特点。

### 分享经济解决经济剩余问题的模式

使用权
剩余的分享

时间
剩余的分享

所有权
剩余的分享

#### 2. 时间剩余的分享

物品只是闲置资源中的一部分，时间同样会有闲置的情况。实际上，这种时间剩余的分享模式体现在一种"临时工经济"上。这样，在一些付费的零碎差事中催生了巨大的在线市场工作的机会。

纽约大学的著名教授克莱·舍基将这种时间剩余的分享命名为"认知盈余"。在他看来，"人们的自由时间除了仅仅用于内容消费，还应更多用于内容分享和创造。分享和创造的价值远大于消费。"很多时候，人们会在工作和家庭生活之外拥有大量的闲暇时间，这些时间如果不能够充分利用起来，那么剩下的就只有"发呆"了。但是，如果能够将这些时间分享给别人，不但可以做一些有意义的事情，同时还可以获得相应的资金回报。何乐而不为？

于是在这种情况下，一个人就逐渐衍生出多个、不同的职业或角色。如一个教育机构的职员在上班的时候，他的角色是员工。然而下班的闲暇时间，可能会开车接送人们上班或下班，这时候他的角色就是一名司机。周末可以在闲暇的时间去给学校学生教授相关课程，这时候他就是一位业余教师。正是时间剩余实现了分享，才使得一个人具备多个"身份"成为可能。

在时间剩余的分享中，"身份"得到了自由转化，同时也衍化出了不同的资源分享模式，如上述"身份"中，还包含了汽车资源的分享、知识资源的分享。当然，这正是其中的一部分，像服务资源的分享、文化资源的分享、社交资源的分享、技能的分享、经验的分享等，都可以涵盖其中。

### 3. 所有权剩余的分享

分享经济强调的是对经济剩余的问题的解决，是一种"重使用权，轻所有权"的经济形态。但是，很多时候会忽略到一点，那便是所有权的转让同样也为经济剩余问题的解决提供了很好的方案。

二手交易市场中，往往会借助网络平台，用低于产品市场价格来售卖二手商品，准确地说，这种全新的经济形态实际上就是通过社会化网络平台进行二手物品所有权的交易。这种所有权剩余的分享将原本闲置的二手物品通过平台分享的方式再次投入使用，有效提高了其利用率。这种所有权剩余的分享模式与使用权剩余的分享模式有所不同，是对所有权和使用权合二为一进行分享。

之所以会出现这种分享模式，是因为随着人们经济基础的不断提高，再加上网购平台的逐渐兴起，越来越多的人习惯于将自己的资金凭借一时的冲动花在了网购上，使得资金变为了家中闲置的"不动产"，尤其是每年的"双十一"情况更甚。与此同时，随着科技的不断提高，产品更新迭代速度加快，使得更多的人产生"喜新厌旧"的心理，久而久之，那些低端产品便成为了家中的闲置资源。在这种情况下，家中的闲置资源越来越多，有的对于自身而言根本没有什么使用价值，但却如"鸡肋"一般，"留之无用，弃之可惜"，于是便想方设法将其通过在网络平台上"贱卖"的方式将其得到妥善处理。于是便形成了所谓的"二手交易"。

当前，我国较知名的二手交易平台有阿里巴巴的闲鱼、58同城的转转等。以阿里巴巴的闲鱼网为例。自2014年，淘宝二手网闲鱼上线以来，截止2016年6月，已经完成了从百万级用户向亿级用户的跳跃，成交闲置物品1.7亿件，散布在各地的"鱼塘"（指地理位置、兴趣爱好等划定的用户社区）数量达到20万之多。

2016年9月，闲鱼的鱼塘数量已经超过了28万。其中小众兴趣"鱼塘"超过3万个。相对大的"鱼塘"，类似"苹果鱼塘"已经聚集了超过140万用户，单日发布交易量在2万次左右。

事实上，无论是哪种形式的经济剩余分享，都是分享经济下出现的分享模式，可以在有效解决经济剩余问题的基础上，有效提升整体产能，更有利于我国经济的可持续发展。

## 3. 实现去中心化、去中介化

"忽如一夜春风来，千树万树梨花开"，自从2011年分享经济的概念被提出以来，历经5年后，这个概念不仅深入人心，其实践更是如火如荼，越来越多的互联网企业开始走上了分享经济商业模式的道路。

早先有一个野心勃勃、估值号称100亿美元，名为"滴滴拉屎"的平台，立志要解决掉中国13亿人口的"拉撒问题"。同时又能够让所有的厕所业主能够在充分提升其闲置厕所的利用率的同时，还能轻松赚取额外的收入。虽然这个名为"滴滴拉屎"的平台是听上去既怪诞又带有超级想象力的"奇葩"思维，只是成为一个恶作剧，并没有取得成功，但是这种超前的想象力是让人非常大开眼界的。这种思维就是一种典型的分享经济思维。

如今，这种超级思维已经被越来越多的人效仿，并且经过实践证明已经取得了卓越的成绩，如 Airbnb 的估值已经达到了 300 亿美元，Uber 的的估值更加惊人，截止 2016 年 11 月已经超过了 680 亿美元，就连国内土生土长的滴滴出行，也在建成至今短短的 3 年时间里，实现了从原来 80 万元人民币估值到 150 亿美元估值的跨越。

191个国家的两百万个房源任您搜索

可以说，分享经济彻底颠覆和影响了传统商业模式。从生产者角度来看，分享经济带来了市场交易成本的下降，进而导致传统企业边界收缩，进一步带来了个体经济的强势回归；从消费者角度来看，交易成本的下降使得传统的"以买为主"转变为"以租为主"，很大程度上增加了消费者的福利。

分享经济作为互联网时代的一种商业模式，本质上也携带着互联网去中心化的基因。信息以广播的方式进行传播，用户只能被动接受各种信息，然而搭载互联网，使得千万个个体都以互联网为中心，相互进行连接、交互。通过"自由个体"的相互联合，分享经济给供求双方更加自由的选择空间以及更大的选择范围，也自上而下地推动着制度的变革，提升了整体经济运行的效率。这种商业模式是一种去中心化模式，每个人都是互联网上的一个中心节点，人和人之间实现了对接，这种连接更加直接、多元平等。

（1）**人人都是产销者**。分享经济实际上就是有供应方和需求方的个体组成的一种去中心化连接方法，其实现的核心是对个体资源的经营，每个人所充当的角色是一致的，都是生产型消费者，即既是生产者，也是消费者。正如前边所举的例子中提到的北京某企业职员在上下班当业余司机，其角色就既是司机也是乘客，既可以为他人提供专车服务，也可以作为乘客享受他人提供的专车服务。这就是一种典型的生产型消费者。这种大家共同分享的模式，对传统企业和市场带来了巨大的冲击，也助推了商业民主化的快速形成。

在这种人人都是产销者的背景下，个体经济的重新回归，使得个体通过分享平台获得了良好的口碑，也正是基于此，使得千万个个体构成了长尾在市场中所占的份额逐渐上升，由此个人品牌的价值也将逐渐凸显。如当前非常活跃的超级自媒体、知名私厨、明星威客等，都在市场引导力和流量变现能力方面体现出其巨大的价值。

（2）**中介正在消失**。在传统的商业模式中，中介往往起到了搭桥接线的作用，将生产者和消费者双方连接起来。例如出租车公司、代理、分销渠道、培训机构、房地产企业、家政公司等，他们往往手中掌握着大量供给者的商品和服务信息，而消费者则处于劣势，只能借助于中介的牵引来获取供给者所提供的商品和服务。

分享经济下，这种情况则大不相同，中介已然在分享经济的大背景下消失了，供需双方可以借助互联网直接、明确公开自己的闲置资源和个人需求，是互联网将双方进行了连接。在人人都是产销者的情况下，每个人都可以提供物品和服务，同时也可以分享别人的物品和服务，这种整合起来的大量独立个体所发挥的长尾效应要比单个个体所获得的资源匹配度更高。例如，私家车运营的出现打破了原有的出租车垄断壁垒；分享经济的 K12 教育和行业分享，将教师从以往的培训机构的束缚中解放出来；C2C 的手艺人平台，使得手艺人的创造能力有了更加宽广的发挥空间，也较以往受到了更多人的关注和重视；众筹预售、众包研发使得更多的生产企业可以扁平化地触及到终极消费者，从而实现了以消费者为中心进行改革和完善整个生产链。

这里以嘀嗒拼车为例。当前流行的"拼车神器"——嘀嗒拼车，虽然并没有加入 BAT 阵营，但依然能够抢占了拼车市场并坐上头把交椅。据第三方数据检测机构所获得的数据资料显示，嘀嗒拼车的市场份额占领先位置，其日均订单数量达到了 20 万，搭乘量也远远超过第二、三名的总合。那么嘀嗒拼车是如何从传统商业模式中脱颖而出并取得这样好的成绩呢？关键原因在于，嘀嗒拼车借用分享经济模式，让拼车的方式变得更加适应大众出行的市场需求，进而备受广大乘客的喜爱。

与传统的出租企业相比，嘀嗒拼车的创建要求是："车主和乘客在注册完毕的第一件事情就是输入家庭和工作地址，基于顺路原则，通过平台把用户的出行需求直接推送给顺路的车主，并由车主进行应答。"也正是基于这种要求，使得顺路车主和乘客之间实现了直接沟通，省去了中间环节，越过中介屏障，这是与移动互联网时代去中介化的特点相吻合的，也正是因此，使得嘀嗒拼车成为同行业中出租应用的典范。而这种以嘀嗒拼车为代表的分享型出行方式，也必然会成为未来可以预见性的主流趋势，必将颠覆整个出行市场。

# 1.3 分享经济分享的不只是经济

"闲置就是浪费，使用但不购买"，这是分享经济的主旨内容。当前，分享经济正在全球范围内小步快跑，全球对于发展分享经济的重视程度不亚于"工业 4.0"。

国内方面，分享经济在 2015 年的中共十八届五中全会公报和"十三五"规划中首次被提出，并强调："作为互联网下的新经济、新商业形态，分享经济正在改变传统的经济模式。"因此，诸多互联网企业都借助分享经济模式纵身一跃，跳出了传统经济模式的束缚，以全新的经济形态站在了同行业企业的最前端，像河狸家、e 袋洗、大众点评网等，都是同行业中的先锋。

全球方面，2015 年分享经济在全球的市场交易规模达到了 8100 亿美元，从 2014 年至 2015 年，流入分享经济的风险资金规模增长了 5 倍多。在全球估值最高的未上市公司中，拼车出行的 Uber 估值已经达到了 680 亿美元；专注于个人房屋出租的共享平台 Airbnb 估值 300 亿美元，它们都是分享经济商业模式的代表。

由此，我们看到在全球范围内从各种实体物品到各种虚拟商品，所有能够被分享的东西都是潜在分享对象，都可以拿出来分享。在进一步深度挖掘分享经济的同时，我们会发现：分享经济为我们创造了丰裕的经济生活；为我们释放产能过剩；让我们开放资产、数据还有头脑；让我们努力解决气候变化和收入不平等；让我们创造一个我们愿意生活的世界；这些都是分享经济给我们带来的美好。但是分享经济所分享的意义绝不仅限于经济。

### 1. 整个地球共享美好生活环境

分享经济鼻祖、汽车共享公司 Zipcar、无线网络连接公司 Veniam、点对点汽车租赁公司 Buzzcar 以及拼车网站 GoLoco 的联合创始人罗宾·蔡斯讲到："我们需要建立新的社会机制，以使新平台经济学的收益普惠化——甚至分配给每个人一个基本的收入。如果做不到这一点，社会后果可能非常可怕。"

从这个意义上来讲，分享经济是为了实现人人共享，需要达到的最终目的就是实现人人受益。而人人受益则进一步意味着整个地球受益，因此对于那些大力倡导分享经济的人来讲，在它们看来分享经济不应当仅仅分享"经济"，不应当仅仅用来研究投入产出问题，更为重要的是用来研究整个地球上人的生死问题，即以分享最少的东西，来换取最大多数人的生存维持。在气候变化、能源紧张、环境恶化等问题日益严重，并且危及人类生存的情况下，分享经济的价值将有更大的发挥空间。

分享经济之所以能够极大地盘活社会闲置资源，激活剩余产能，其中有两方面的综合作用的推动才得以实现：一方面，受益于分享经济越来越多的人开始不再购买资源的所有权而是购买其使用权，这样将导致人们所拿出的可供分享的资源越来越多；另一方面，人的趋利性必然导致职业化服务逐渐被挤出到业余化服务边界，以往的谋生者也被挤为分享者，在这个过程中成本不断降低，而获取的收益则越来越大，并且循环不止。

滴滴创始人程维曾说过一句话："滴滴关于出行的梦想就是：用分享经济的模式，让这个城市不再增加一辆私家车。"这句话表明，作为生活资料的私家车将逐渐在人们的生活中消失，取而代之的是像滴滴出行这样的便捷出行方式。但是，另外的一批买车的人，他们将不再把车作为生活资料，而是变为生产资料，用于赚取谋生的外快，使其成为一种赚钱工具。

这样给整个地球带来的优势便是：纯粹的私家车逐渐消失，交通堵塞逐渐缓解，能源合理利用，环境污染有效控制，人们的生活环境更加美好。

**分享经济所分享的内容**

分享的是经济　　　　　　分享的更重要
　　　　　　　　　　　　的是一颗决心

整个地球共享
美好生活环境

### 2. 分享的更重要的是一颗决心

在现实情况中，我们所看到的绝大多数都是当前分享经济所形成的商业模式，以及由此而带来的成果和收益，但更重要的是，分享经济同时也是一种代表发展全球分享经济决心的体现。

闲置资源给人的第一印象就是实体资源，但众多的非实体资源也同样可以实现分享，如各种知识、技能、经验等，这些非实体资源往往是更具利用价值的，如知识产权等，则需要具备较高许可使用门槛。我国将大众创新、万众创业作为国家的发展目标，也是分享经济模式下将一切可以分享的闲置资源利用起来的一种强国策略，同时也体现了我国实现"人人共享、人人受益"的决心。

# 1.4 分享经济改变了什么

近年来，无论我们出行、旅游、集资借款等活动方式都发生了诸多变化，车辆、房屋、知识、经验等各种实体的、非实体的都成为了可供分享的资源，一种全新的商业模式——分享经济模式正扑面而来。

在移动互联网时代，原来的朋友之间的食物分享、同学之间的知识分享等内容都发生了重大变革，由传统的熟人之间的分享延伸为陌生人之间的分享，任何人之间都可分享彼此的闲置资源，从而使得闲置资源的支配权和使用权进行了分离，闲散资源得到了重新整合和利用，实现了闲置资源利用率的最大化。那么，分享经济究竟改变了什么呢？

## 1. 提高社会资源利用率，颠覆传统生活方式

分享经济最基本的价值所在就是提高社会闲置资源的利用率，这里的闲置资源既包括消费者点对点、小范围内的闲置物品之间的交换，又有交通、场地的共同使用，甚至是劳动、知识的分享。

滴滴出行、Uber就是一种典型的分享经济模式，是对公共交通的一种重组，当然它们所重组的仅仅是私家车，而不包括像地铁、公交车这样的公共交通工具。通过对私家车的空座的挖掘，使得原本为"摆设"的空座得到了充分的利用，同时也使得路费变相成为了油费，并且还在无聊的出行路上有了陪聊的人来打发时间，使原本无聊的出行变得更加

轻松、有趣；对于整个社会环境而言，还有效减少了环境污染，可谓一举多得。

可以预见在未来分享经济的模式下，从汽车到住房到技能，甚至是一台冰箱、一件衣服都能够贴上"分享"的标签，这将使我们生活中所涉及的资源能够更加合理、高效利用，未来我们的生活方式必将发生巨大的变革，这也是一种趋势。

## 分享经济带来的改变

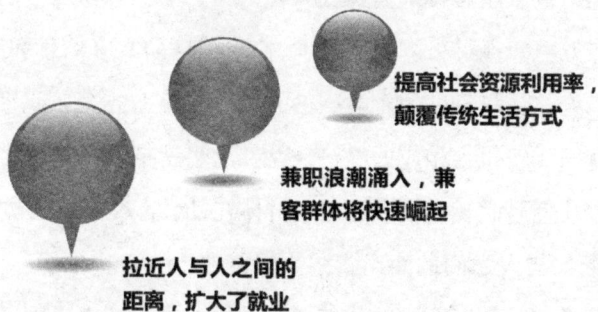

提高社会资源利用率，颠覆传统生活方式

兼职浪潮涌入，兼客群体将快速崛起

拉近人与人之间的距离，扩大了就业

### 2. 兼职浪潮涌入，兼客群体将快速崛起

传统观念认为，拥有一份长期的、稳定的工作是人生成功的标志。但是在分享经济时代，新一轮生活方式和社会生产方式变革高峰期来临，分享平台的搭建与合作方的迅速加入，带来了一个全新的发展市场，在兼职市场中，以兼客兼职为代表的兼职服务品牌必将大幅出现。

每一个行业都在进化着，不仅PP租车看到了共享经济的未来发展优势，在兼职市场上，以兼客兼职为代表的新锐兼职服务品牌也迅速加入到共享经济的发展大军中。

曾经的兼职市场诚信缺失，直到以兼客兼职为代表的新锐互联网兼职服务平台崛起，才打破了这样的僵局。这种新锐的服务方式不但为雇主搭建平台实现资源共享合作，还对兼客方的诚信度和可靠度有着深入的考量。新锐互联网兼职服务平台的搭建是建立在信任的基础上的，并且为了兼客兼职用户双方的利益加筑了安全保障，推出了兼职保险、实名认证、在线支付等诸多线上功能。另外，通过有效的信息资源分享，逐渐建立起了雇佣双方之间的信任，这种新锐的搭载分享经济的创新思维方式受到了众多用户的认可和青睐。

分享经济的根本目标就是低投入高回报，兼客兼职平台的搭建为兼客和雇主双方之间提供了更加低成本、高可信度的共享信息和服务资源。这样，很多能够分享自己闲置时间的人就可以借助兼客兼职平台将自己的"过剩时间"转化为相应的经济效益，这也就推动了越来越多的兼职人员出现，并且形成规模较大的兼职群体在社会市场中快速崛起。

### 3. 拉近人与人之间的距离，扩大了就业

分享经济借助于互联网的优势，使得原本陌生的人之间实现了资源分享。这样，那些原本不相熟识的人因为资源的分享而相识，从而将远在他方的人之间的距离缩短，也因此扩大了人际圈。另外，分享经济鼓励大众参与，为公众创造了新的收入来源，从而增加了社会就业总量。

根据相关机构提供的最新数据显示，我国网民的年龄段集中在18~45岁之间，从分享经济参与者的年龄段来看，18~24岁的人群约占劳动力总量的37%，25~34岁的人群占30%，这也就意味着，在我国绝大多数的分享经济参与者都在45岁以下。在美国，其劳动力总量的分布情况是45~54年龄段的劳动人数最多，主要集中在35~64岁之间。由此可见，分享经济不仅促使劳动参与者的年龄组成趋于年轻化，而且也

扩大了劳动就业的年龄范围。

正因为分享经济不遗余力地改变着人们的生活方式、改变了当前社会现状，因此使其显得格外具有魅力，也更加受到广大个体、组织、团体、企业、国家，乃至全球的青睐。

# 1.5 "分享"为经济发展注入新鲜血液

你有牛奶，我有面包，如果两人各自吃各自的，那么永远只能吃到自己手里拥有的东西，但是如果我把我的牛奶分给你一半，你把你的面包分给我一半，那么我们所拥有的将是两样东西，并且还能创意出新的花样吃法。因此，可以说建立在分享经济基础上的点对点交换，"牛奶会有的，面包也会有的"。这就是分享经济，一个永恒的奇特不等式：1+1>2。

也正是因为有了这样的经济模式，才使得"低成本，高回报"成为可能。因此，我们不得不说是"分享"为"经济"的发展注入了新鲜血液，提供了全新的活力。

## 1."分享"是经济发展的新趋势

（1）分享具有全球性特点，分享经济是全球范围内的新亮点。在全球范围内经济处于低迷期的时候，分享经济一枝独秀走上了经济发展的舞台。全球分享经济的先锋企业如美国的 Uber 和 Airbnb、Wework，我国的电子商务以阿里巴巴为代表，在最近几年呈现爆发增长的态势，并带动了诸多行业的快速发展，如交通出行、家政、酒店、餐饮、房屋出租等领域都出现了一股强大的创业热潮。

（2）分享经济是国家经济转型升级的重要动力。分享经济主要借助于互联网技术得以实现，有效地减少了供给和需求信息的不对称性，在去产能、去库存、去中心化、去中介化、降低成本方面具有得天独厚的优势。这些势必为国家经济的转型升级提供了重要动力因素。

以我国为例。根据国家信息中心发布的数据信息显示，预计未来5年内，分享经济年均增长速度将在40%左右，到2020年市场规模占GDP总比重将达到10%以上。这一数据充分说明，我国将是下一个阶段体量最大、最受关注的分享经济市场，分享经济将给我国经济的转型升级提供重要的动力。

（3）分享经济是供给侧和需求侧两者共同进行的改革。在供给侧，可以通过互联网平台将自己的闲置资源进行公开化、透明化，让更多的需求侧发现并乐于分享，从而很大程度上减少了因闲置而产生的浪费现象。在需求侧，分享经济的推动作用使得自身需求寻找到了精准的匹配，并且实现了以最低成本满足自我需求。无论是供给侧还是需求侧，都无需花费太多时间成本，就可以在短时间内将剩余产能分享出手、在最短的时间内找到满足需求的商品，从而提高了整个社会消费者的福利水平。

## "分享"为经济发展注入新鲜血液

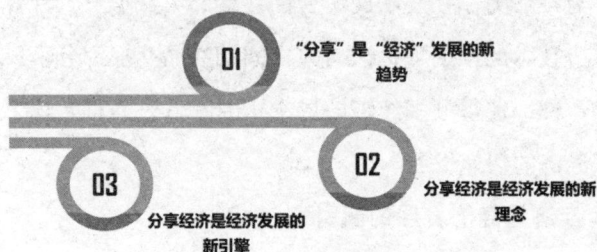

01 "分享"是"经济"发展的新趋势

02 分享经济是经济发展的新理念

03 分享经济是经济发展的新引擎

## 2. 分享经济是经济发展的新理念

分享经济将"创新、协调、绿色、开放、共享"作为重要举措。

（1）创新发展是分享经济发展的根本动力。当前，分享经济的典型代表如 Uber、滴滴快的等企业都是一些互联网高科技企业，这些企业都通过搭建互联网分享平台，精准、动态地为供需双方提供匹配的闲置资源，从而达成了闲置资源的使用权交易。这种模式打破了传统供需信息不对称的问题，并提出了具有可行性的解决方案，这些在本质上是源于技术的创新、制度的创新和商业模式的创新。

（2）绿色发展是分享经济的重要特色。分享经济可以有效减少投入，无限放大和循环经济回报，这实际上是对资源的一个"再利用"过程。从整个社会经济来看，分享经济实际上增加了有效供给，节约了资源，保护了环境，是一种有效推动绿色发展的商业模式。

（3）协调发展是分享经济的内在要求。分享经济所强调的是人人参与，在互联网的作用下，使得不同地域、不同国度、不同性别、不同年龄之间都实现了互联互通，并且实现了人人平等。互联网的这种互通性和平等性，使得每个参与者之间缩小了差距，降低了就业门槛，实现了分享经济的公平与平等。

（4）开放发展是分享经济的基本理念。只有具有一定的开放性，分享经济才有生命力。在互联网、智能终端、大数据、云计算、物联网等一系列先进技术的推动下，人与人之间的物品交换和分享成为可能。正是这种开放性，使得分享经济的成本不断降低，并且实现了可持续创新，促进了经济的快速发展。

## 3. 分享经济是经济发展的新引擎

一方面，互联网是分享经济发展和实现的基础；另一方面，"互联网+"是分享经济得以快速和可持续发展的助推器。互联网在各个领域中的深度渗透，为分享经济的发展提供了优越的土壤。同时，在"互联网 +"的新环境下，从互联网、物联网到人联网，必将有力促进分享经济的可持续发展。

从以上几个方面来看，当前分享经济发展的新趋势、新理念、新引擎是保证经济实现可持续发展的重要动力，是实现国家在未来竞争中占据制高点的必备条件。由此可见分享经济商业模式在实现国家经济快速、高效发展中的重要性。

第二章

# 一切皆可分享：分享经济开创
# 互联网经济新业态

目前，分享经济与工业 4.0 同等重要，已经被提到国家战略的高度，这充分说明分享经济对于一个企业，乃至一个国家发展的重要性。然而，分享经济改变的是传统产业的运行环境，形成的是一种新的供给模式和交易模式。在分享经济中，互联网共享平台大规模跨界、以租代售成为主导趋势、大规模兼职服务从企业流向个人、内容创业成为新潮流，这些已经成为了分享经济大环境中的创新业态指标。这是顺应当前互联网、大数据、云计算、物联网等技术发展的潮流，同时也是互联网将分享经济带到了另一个高度，从而使得一切可以分享的都实现了分享。

# 2.1 互联网共享平台大规模跨界

在非洲有一句古谚语："要想走得更快，请谨慎独行；要想走得更远，请结伴而行。"实际上，这与企业借助分享经济模式实现可持续发展的道理是相一致的。当前，在互联网时代企业要想加快前行的步伐走得更快、更远，分享经济就是一种不可或缺的商业运营模式。从个体拥有、控制到开放、连接信息为供给方与需求方搭建透明的沟通平台。

当前，跨界已经成为互联网企业争相布局的重点方向，分享经济是在互联网基础上发展起来的，因此，不得不说分享经济商业模式中也继承了互联网的跨界基因。分享经济的发展需要不同行业的跨界，代表产业形态的变革与开放特征。跨界同时可以夯实创新基础，使得传统资源型驱动增长方式转向集约型创新驱动的生产方式，从而有效提高物质商品的生产能力。

以分享经济在出行行业中的应用为例，在该行业中，分享经济所体现的是将闲置的时间和车辆，通过互联网租约车平台向乘客提供车辆或驾乘服务，并且通过在线支付完成交易，形成了专车、拼车、代驾、试驾、P2P租车等若干形态。

互联网的普及与大数据、云计算等新技术的广泛应用，使得人与信息之间得到了更加广泛的连接，而在这样的紧密连接中，传统的商业边界也正逐渐在弱化。边界意味着什么呢？对于行业而言，边界其实就像是一道防盗门，正是因为有了这道防盗门，才使得行业内部永恒地存在竞争，但是不会受到行业的影响和搅局。

跨界在互联网时代的企业中是非常常见的，也正是得益于互联网技术，使得跨界变得更加容易和轻松。那么跨界究竟是什么？其实，就是企业基于自身资源的某一特点，与其他表面上没有任何关系的资源进行随机搭配，从而放大资源的价值，甚至借此融合出一个完整的新个体。

分享经济下，拍拍贷打破了借款人与投资人之间的信息不对称，匹配了社会中最大的闲置资源——钱；滴滴出行解决了乘客与司机在整个交通网络中的信息不对称。二者在解决跨地区的方面所取得的成果非常显著，堪称分享经济的典范。

2016年春节期间，拍拍贷与滴滴联合展开了跨界合作，双方借助2016年春节这个契机，在线上紧密合作，全面展开了互为双方送暖心好礼的活动。举办该活动的目的是为了扩大拍拍贷在滴滴用户中的影响力，为双方开拓新的投资渠道，也为拍拍贷用户线下便捷出行谋取福利。作为互联网行业中的独角兽，无论是拍拍贷还是滴滴出行，都是在其各自领域中占有非常重要的流量资源和入口，因此使得其市场份额优势非常显著。拍拍贷与滴滴出行分别代表了P2P网贷和移动出行领域的首次合作，也同时代表了分享经济两大品牌的跨界合作。

拍拍贷和滴滴出行只是分享经济下进行跨界组合，实现一对一、多对一跨界的代表之一。当前，很多分享平台企业都与其他非行业内的企业进行对接，然后进行一对多或多对一的互推，同时也可以组建一个互推圈，进行圈内互推；也可以借助智能引擎，进行一对多互推，这样，以往的平台就不再是一个孤岛，而是通过跨界融合形成一个网状的联合体，让各自的产品在不同的平台上提升曝光率，进而获取精准用户流量，因此，这也是一种非常有效的营销手段。

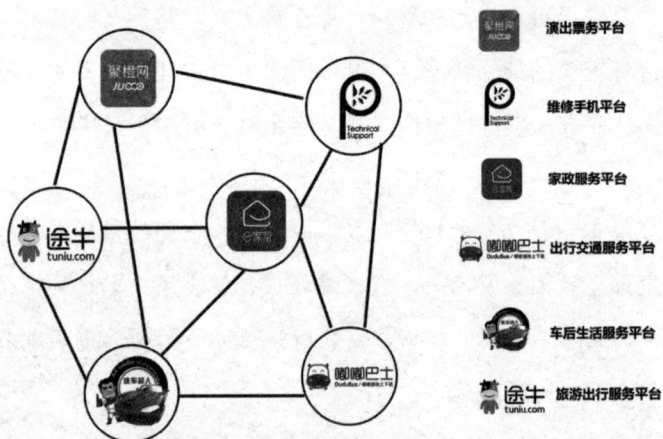

# 2.2 以租代售成为流行趋势

当前，人类社会正在从"拥有者"时代进入"使用者"时代。在一题为《经济学人》的文章中，曾经描绘过未来分享经济盛行的情景：一位女士提着 100 美元 / 次租来的奢侈品手包走在回家的路上。她的儿子正在吹奏着每月缴纳 55 美元租来的萨克斯，女儿骑着每天需要支付 18 美元租来的自行车。这种情景不但在国外非常普遍，当前我国也正逐渐走在了分享经济的道路上，从而引发了一场经济与资源配置的变革。

在我国，已经有多个领域在尝试分享经济的应用过程中尝到了甜头。在闲置房产领域，一些网站通过以租代售的分享方法，催生了旅游住宿的新模式，这也是当前部分楼盘实现"去库存"的有效手段；在劳动服务领域，在线服务众包模式受到大众认可，已经创造出了上千万的就业机会；在制造业领域，分享经济带来的生产革新也正处于萌芽期，已经出现了分享供应链和通过以租代售来缓解"去库存"的方法。

根据国家统计局 2015 年 12 月统计数据显示，全国商品房待售面积已经增长到了 71 853 万平方米，按照当前我国人口数量和人均住房面积 30 平方米计算，待售住房可以为 2390 多万人口提供居住场所，这已经超过了 2015 年末北京市常住人口总和。

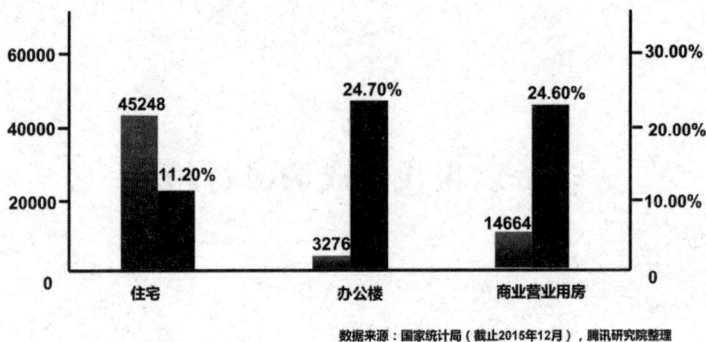

数据来源：国家统计局（截止2015年12月），腾讯研究院整理

**各类商品房待售面积分析**

■ 待售面积（万平方米）　　■ 同比增长率

当前，以租代售的模式有三种，分别为短租、长租、共享办公。

### 1. 短租

如今，互联网电商的发展已经逐渐趋于成熟，再加上租赁市场中对于短期租赁的需求越来越大，两者共同催生了短期租赁的触网现象的出现。

我国旅游市场正处于兴起和壮大的阶段，其中也包含了短租的内容。国内在线租赁市场规模已经超过百亿，市场的主要格局比较集中，独角兽代表如途家、小猪短租，已经在整个市场中占据了将近50%的份额。诸如途家和小猪短租这样的企业的出现和发展，充分彰显了分享经济以"人"为核心的价值观，为旅途中的人们带来了更加具有个性化的服务，与此同时也进一步提高了资源的利用率，通过与他人共享，使得原本闲置的资源重新获得了发挥巨大潜在价值的机会。

在线短租其实是一种O2O模式，所有的交易和交流过程几乎都是在线上完成的，之后由线下完成使用和获取体验。具体来讲，就是闲置房屋供给者把自己的房源信息，包括房屋地理位置、室内情况、价格情况等，通过在线短租平台发布出来，而后有在旅途或者出差中的在线短租需求的人们可以通过该平台找到自己需要的房子，进而达成交易。

当前在线短租主要分为三种类型：第一种是独立运作团队来制作和维护的网站；第二种是以运营相关业务的互联网企业为依托来发展在线短租业务；第三种是传统房屋中介拓展在线业务，进而附带推出在线短租业务。

在我国，较为知名的在线短租平台有爱日租、游天下、蚂蚁短租、途家、小猪短租。以游天下为例。游天下建成于 2011 年 9 月，其前身是以租赁业务为主的网站租房网，后逐渐发展而来的。游天下与其他短租网的区别在于，其盈利模式主要来源于闲置房源，并将其转换为相应的资金。除了为房东发布房源信息以外，还推出了一系列针对房东的服务，如对房东进行全方位培训与指导，使其获利的同时还能够为租客提供更加优质的服务，形成一种良性循环。当前，其采取的是一种免费、开放的策略，以期达到多方共赢的目的。网站房屋的类型主要分为家庭旅馆、青年旅社、四合院、城堡等，主要来源于自己的房源和为他人打理房子的人，中介机构所占的比例小之又小。

## 2. 长租

长租是一种非常常见的以租代售方式。简单来讲，分享经济下的长租模式的意义就在于在你 25 岁的时候就能够住进 35 岁才能够买得起的江景房。诚然，这种说法说到了那些立志在一个地方长期打拼，或者已经成家眼下却没有足够资金购买婚房的年轻人，或者相对于投资房产而言，更多倾向于投资盈利项目的初创人士。

常见的长租模式有两种，一种是集中式长租，一种是分布式长租。集中式长租模式有模仿公寓、YOU 公寓，主要是对整栋楼宇改造后进行运营；分布式长租有蘑菇租房，从分散房东那里获取闲置房屋资源，然后进行包租运营。

蘑菇租房是一家专为单身白领合租公寓打造的 O2O 服务平台，该平台广泛整合城市房屋租赁资源，满足城市中各类白领的个性化租住需求，延伸拓展白领租房生活中的衣食住行等多元化产品和服务，从而建立起来的一种在互联网时代具有创新租住体验的长租服务。2015 年 11 月，蘑菇租房获得了 3000 万美元的 B 轮融资，成为了我国分享经济下在同行业长租模式中的佼佼者。

### 3.共享办公

共享办公作为以租代售中的一种模式，能够盘活非住宅市场的房地产库存，进而促进双创。在当前，诸如美国和欧洲等诸多发达地区，大至大都市小至中小城市都已经进入了共享办公时代，最为知名的共享办公平台有 WeWork、Regus、ServiceCorp、MHL 等。之所以国外如此推崇共享办公，是因为共享办公的出现不但是地产行业中的一种巨大变革，更重要的是它推动了经济和城市建设，并在这两方面的发展过程中具有十分重要的意义。在我国，共享办公模式首推腾讯的众创空间和优客工场。

对于很多小微企业，其生命周期并不长，通常为 1~2 年，而写字楼的租赁时间通常为 3~5 年，这样就使得原本资金后盾薄弱、不具备租赁写字楼能力的小微企业力不从心。共享办公空间可以为小微企业节约企业成本。另一方面，共享办公还可以提高时间效率。

举一个简单的例子。很多一线、大型城市喜欢把 CBD（中央商务区）

建在人多繁华的地方，也往往会因此而经常出现交通拥堵的现象，大家的时间都耗在了去上班的路上，增加了社会能耗和时间成本的同时，严重影响城市效率。然而，共享办公则可以缓解甚至避免这样的情况出现。如果一个公司的办公地点位于北京东直门，但是有部分员工居住在通州，可以借助互联网等相关技术和手段，直接将这些部分员工在通州聚集起来进行办公，而只在每月的月初或月末的时候去公司面对面开会。这样，员工每天可以和其他几位员工就近聚集在一起办公，很大程度上解决了城市拥堵问题，也使得公司的一些紧要任务不会因交通拥堵而耽搁。

无论是短租、长租还是共享办公，它们都是分享经济下以租代售的一种表现形式，并且从当前三者的发展情况及其能够给广大民众带来更多福利的情况来看，在未来以租代售必将成为分享经济模式下的一种不可忽视的趋势。

# 2.3 大规模兼职服务从企业流向个人

分享经济理论从 1984 年提出到现在，历经了 30 多年时间，但是在全球范围内的普及和应用上，仅仅是几年的事情。目前，处于风口上的分享经济分享的内容更多的是偏向于物品的分享，如汽车、住房、设备等，通过分享平台让更多的闲置资源重新获得利用的机会，发出其应有的价值光芒。

随着商业的不断发展，人的分享正成为企业用工的潮流。物流、团购、外卖等行业所需要的兼职人员越来越多，为其节省了大量的运营成本。按照当前的发展情况和趋势来看，越来越多的行业将进入分享经济时代，并且在这一经济模式的推动下，催生出更多基于分享经济的大规模兼职服务，而且这种服务会从企业延伸到个人。

## 1. 威客模式——企业享受的兼职服务

当前，企业虚拟化运作已经成为一种趋势，传统的"全员雇用，场地办公"的模式已经逐渐趋于消失，企业的运作借助互联网优势，已然突破了传统的地域、行业以及专业等因素的兼职，逐渐向更加自由、灵活的方式来获取更多、更好的专业人才，向着虚拟企业的运作模式开始转型。

威客模式作为一种商业运营模式，实际上就是一种典型的分享经济商业模式。所谓威客，就是特指那些通过互联网把自己的知识、智慧、能力、经验、技能等转换成为个人的实际收益的人。威客几乎所有的问题都是通过互联网来解决的，包括科学问题、技术问题、生活问题、学习问题等，从而让知识、智慧、能力、经验、技术等充分发挥其应有的价值，并且也获得相应的回报。

不仅是在威客领域，任何有技能、经验、能力、知识的个体、团体都可通过这种众包的服务成为企业的虚拟员工。这样一方面作为虚拟员工来讲，可以将花在去公司上班路上的时间节省出来进行更多的价值创造，另一方面对于企业来讲，既节省了办公场地、水电等必须成本，又可以灵活调用和配置专业人才。

以 Wonolo 为例。Wonolo 是隶属于可口可乐公司旗下的一个临时的招募平台，是由公司创建人创建的一个专门解决临时工作者的就业问题的平台。当下，有很多企业都在市场运营中出现很多不可预测的需求，会出现卖空的现象，这时候如果不能及时补货的话，就会给同行业的竞争对手留下一个绝好的空间和机会，他们就会借此时机来吸引我们本身的客户。对于这一点，行业特定的员工是没有办法能够全面顾及到，从而不能完全实现供需相当，这也正是很多企业存在的一个亟待解决的问题。因此，面对这种情况，可口可乐企业的两位联合创始人——AJ Brustein 和 Yong Kim 就达成一致共识，搭建了 Wonolo 平台，使用智能手机 App 从该平台上实现临时员工的快速获得，进而更好地解决企业的供需问题。

### 2. 新兴私人服务——个人享受的兼职服务

当前，随着经济的不断发展，长尾化私人服务正逐渐步入井喷的黄金阶段，分享经济为更多的个人服务者提供了就业机会，并且出现了各类聚焦于细分领域的 C2C 私人服务平台。这样，越来越多的技能、经验以及碎片化时间等劳动资源都能够有效地解放，并且重新进行精准匹配，这样用户的专属个性化和便捷化的需求就能够得到最大限度的满足。

| 私人服务类型 | 代表企业名称 | 企业服务内容 |
| --- | --- | --- |
| 私人助理服务 | 小蜜蜂同城速递 | 提供"跑腿"服务 |
| 私人导游服务 | 丸子地球 | 提供出境游的本地向导服务 |
| 私人美甲、化妆服务 | 河狸家 | 提供手艺人的按需上门服务 |
| 私人管家服务 | e袋洗 | 提供"小e管家"送衣物服务 |
| 私人看护服务 | 陪爸妈 | 提供面向老年人的看护服务 |

兼职猫等兼职平台所搭建的兼职模式是以分享经济为基础的，实现人才共享、时间共享等。当前，整个经济领域都处于下行趋势，企业都纷纷降低人才成本，尽可能地节省不必要的成本，从而将资金投入到产品质量和效率上，最大限度地完成市场需求。这时候，兼职行业就产生了巨大的市场价值。兼职猫就看中了这一点，并预见了兼职服务行业未来的发展前景，开辟了服务平台。目前，兼职猫已经有19万家用户，并且每个月有该类招聘需求的企业数量逐渐增多。另外，兼职猫比较能够达到大多数企业对于兼职人员所提出的要求，并且推出了"喵托管"板块，实现了招聘托管，企业所需要做的是提供基本的招聘需求和预算即可，后边的事情全权委托给兼职猫来完成。兼职猫会代替企业完成招聘面试、录用、管理、上岗、工资结算等招聘步骤，让企业不仅能省心安心，又能够获得真正有价值的专业人才，很大程度上缩减了企业的体验成本。因此，可以说，兼职猫是一个通过兼职平台实现分享经济的催化剂，使得人才、时间得以分享，提高了企业的运转效率的同时，也促

进了专业人才自我价值的实现。

随着分享经济成为社会各界的热议话题，各领域也都纷纷触及分享经济这块大蛋糕，以期从中获益。未来，借助分享经济商业模式，大规模兼职服务必将成为一种趋势。

# 第二篇
# 实践篇：拥抱分享经济

# 第三章

# 全球最吸金的创新分享经济模式

　　分享经济作为一种全新的经济模式，使得每个参与分享的人既是生产者也是消费者，在互联网上分享能源、信息和实物，所有权被使用权所取代，"交换价值"被"分享价值"所取代，这是一次全球范围内进入"分享时代"新纪元的创新变革。在这个激荡的"创时代"，借助分享经济模式疯狂吸金才是一个企业最好的发展模式，也是助推企业荣登行业宝座的重要途径。

# 3.1 租让分享模式：你情我愿，方便与实惠共存

目前，正在兴起一场以互联网信息技术为基础的分享经济，并且此时分享经济正处于百花齐放、多种模式并存的新格局当中，也正是这些全新的分享模式进一步推动了分享经济的发展。

在分享经济的众多模式中，发展最为迅速的要数有偿租让分享模式。该模式是将自己剩余的或者暂时不用的物品，通过收租金的方式将物品的使用权有偿让渡给他人进行分享。而供给方和需求方则会按照时间、价格、成本的高低进行租赁。具体如下图所示：

目前，发展最为成功的 Airbnb（空中食宿）就是非常典型的有偿分享模式。其业务模式是这样的：有闲置房间的家庭在网站上发布自家房屋信息，不愿意找酒店住宿的租客可以通过互联网平台找到相关的住宿信息，根据自己的住宿需求进行筛选，一旦找到能够满足自己需求的房

屋，进而与房主达成租赁交易，租客就可以在线进行支付，之后再去实地进行入住体验。这种商业模式所提供的私家闲置房间实际上与酒店相比是非常便宜的，同时还给人一种舒适的家的温馨感。目前，网站上不但有人发布常住的房间信息，还有人将个人别墅、村庄农家院、城堡、树屋等作为闲置资源在网站上发布。

实际上，不仅仅房屋空间可以作为有偿租让的资源，一切具有价值的实体资源都可以进行有偿租让，如办公室、车辆、设备、工具等，都可以成为有偿租让的标的。

有偿租让当前已经成为了一种普遍存在于我们生活当中的经济模式，并且受到了很多人的青睐。主要原因有以下几点：

**1. 站在需求方的角度来讲，有偿租让带来了方便**

几乎每个人手里都有不少的闲置资源，如房屋、车辆、家居、设备、书籍等，这些资源如果被搁置到无人问津的角落，那么这些资源的价值会被磨灭，即便是再有价值的物品也没有展现自我价值的机会。但是分享经济下，这种情况就得到了有效的化解。

需求方可以借助分享平台，在使用低成本的情况下就能够获得自己想要的物品，颇有一种"踏破铁鞋无觅处，得来全不费工夫"的感觉。另外，也可能会因为临时增加订单量，造成供不应求，同样可以通过这种有偿租让的方式来满足自身需求。这种通过互联网平台获取所需品的方式较传统而言的确既经济实惠又方便快捷。

**2. 站在供给方的角度来讲，有偿租让带来了实惠**

因为供给方手中的资源在平常情况下购置往往要花费较高的成本，对于资源供给方而言，让这些仍具很大价值的闲置资源长期搁置，无疑造成了很大的浪费。

举一个简单的例子。比如一家企业拥有非常庞大的地下室空间，但是由于各项设施都已备齐，唯独该空间空置。因此，可以将这一空间向外界人士出租，这样既不会造成空间资源浪费，又能够有一笔相当可观的资金收回。

实际上，上边的这种做法即便是不能获得利润，也可以抵消一部分成本。这是绝大多数闲置资源所有者的心声。有偿租让的分享模式能够让原本闲置的资源如同重获新生，不但可以冲抵部分成本，甚至还可以凭借有偿租让获取更加丰厚的利润，这也正是有偿租让分享模式给供给方所带来的巨大实惠。

## 3.2 对等分享模式：新型物物交换模式

与有偿租让分享模式相比较，从表面上看，似乎对等分享模式又将经济的发展拉回到了原始社会的物物交换时代。在这个模式中，供给方同时也是需求方，需求方同时也扮演着供给方的角色，双方仅仅交换自己的闲置资源，但不会向对方收取任何回报或报酬，这里所分享的仅仅是使用权。实际上，这种物物交换的模式也使得分享经济呈现出全新的内涵。

举一个简单的例子。假如你想去外地旅游，你有自己的车，可以自驾到目的地。但是你却不想在旅游地预订酒店，而是想感受一下当地的风土人情，希望能够找一家农家院或者个人家庭出租的房屋入住，这样还可以节省一部分住宿费用。于是你就去网络平台寻找自己想要的出租屋。经过全面筛选之后，发现有一家农家院正好符合你的需求。于是，跟租户交谈以后，租户也透露，正好自己的亲戚与你在同一城市，希望能够搭载顺风车回家，于是你和租户一拍即合，达成了对方免费为你提供两日房屋住宿，你帮对方免费将其亲戚带回家的交换协议。这就是一种对等的分享模式，无论是你的住宿还是租户亲戚的搭乘，都是免费的，实现了住宿与搭乘之间的"物物交换"。

　　以上这个例子是最为典型，也是最为简单的对等分享模式，实际上，对等分享的内容不仅仅局限于物物交换，情感、身份、文化价值的交换在这里也是成立的，是一种交换范围非常广的交换分享模式。

　　近几年，湖南卫视播出的一档生活类角色互换综艺节目《变形记》受到了大众的关注。其节目内容是这样的：让乡下和城市里的孩子进行身份互换，在不同生活环境中进行生活、情感、文化上的体验，这个节目让很多城市里的孩子更加懂得了对美好、富裕生活的珍惜，同时也使得乡下的孩子更加有积极进取换取未来美好生活的动力。这种交换实际上也属于对等分享经济模式。湖南卫视的《变形记》其实只是当前诸多城乡儿童对等分享的一个缩影。当前，许多地方已经在城乡儿童中拉开了生活环境互换的手拉手活动，并且许多学校还把这一活动作为学校教育的重点内容，希望通过这种活动能够更好地教育儿童。同时，国内也有许多民间公益机构和商业教育机构，专门对这种模式进行科学管理和运营。

## 物物交换的内容

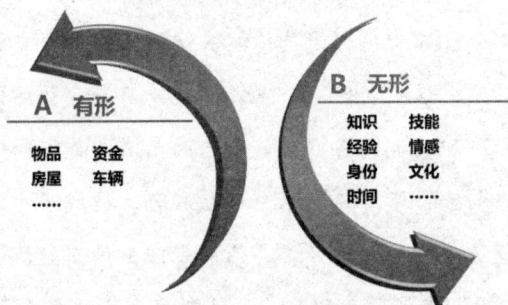

| A 有形 | | B 无形 | |
|---|---|---|---|
| 物品 | 资金 | 知识 | 技能 |
| 房屋 | 车辆 | 经验 | 情感 |
| …… | | 身份 | 文化 |
| | | 时间 | …… |

　　另外，知识和技术、经验等无法用具体衡量标准来判断其价值大小的非实体物品同样也可以进行对等分享。互联网已经成为当前经济发展

必不可少的辅助工具，同时也协同知识、技能、云计算、大数据等，共同推动经济的向前发展。同时，数据分享也是当前对等分享经济中不可或缺的一部分，企业与企业之间将自己所拥有的数据资源贡献出来与其他企业之间进行数据互换分享，从而打破了传统的数据孤岛现象，让越来越多的企业能够获得更多的数据资源，包括用户数据、产品数据等，更加有助于提升自身的运营效率，进一步推动其实现精准营销。

无论分享的内容是什么，总归是给自己和他人都能带来巨大的利益。在这个分享经济大规模崛起的时代，如果你还是一意孤行地凭借一己之力想获得成功是非常困难的，然而通过对等分享则大不相同。所谓"众人拾柴火焰高"，资源的积累也是一种财富的积累，通过资源对等分享你手中所拥有的资源，你将拥有更多的资源。

值得注意的是，这里所讲的"对等"并不是绝对意义上的价值对等，而是主观意义上认为价值相当的一种对等，是将资源的价值进行模糊化而实现的。从一变二到更多，这些在他人眼里被视为无价值的资源在你的手中就是有价资源，这无论对你个人还是你的事业都是大有裨益的。同时，这种对等分享模式也是当前经济市场发展的巨大需求，是对市场需求的一种迎合，一种"对等"。也只有这样，才使得对等分享得以实现，否则在严格意义上的价值对等就将对等分享的内容数量和分享频率限制在了一个狭小的范围内，不利于对等分享模式的发展。

# 3.3 劳务分享模式：碎片化时间的价值体现

　　实际上，在我们的现实生活当中，经常会有大量的碎片化、闲置资源没有得到充分、合理的利用，这些资源中同时也包括劳务资源。劳务分享模式让碎片化、闲置时间通过资金回报体现价值。

　　劳务资源的分享可能是花自己的时间去帮助别人出去购物、遛狗、帮工，或是做一些养老服务之类的杂活等，虽然看上去事情简单易操作，却是一条可以换取不菲收入的经济通道。这种以出售多余时间为内容的分享经济就是劳务分享经济。

　　在美国有一家名为 Instacart 的创业公司，其业务内容是在 1 小时内为大众提供上门服务。该公司在两年半的时间里，其估值节节高升，并在 2014 年的福布斯潜力企业排行榜中位居榜首。对于该公司的迅猛发展，很多个人和企业表示惊叹不已，究其真正原因，就在于该公司合理安排和利用自由职业者的时间，通过互联网技术充分利用闲散在社区中的各类自由职业者，从而实现了 1 小时内为大众提供上门服务的承诺。然而这些自由职业者在参与上门服务的过程中，既是这种配送服务的对象，同时也会根据自己时间盈余的多少来获得配送服务，如果自己手里有自己的事情要做的时候，就会联系该公司的其他服务者为其提供上门服务。可以说，享受 1 小时送达服务是需要具备一定条件的：居住在特定社区内的人对各自的剩余时间和劳务服务进行分享。

这种以多余时间换取相应报酬的劳务分享模式在当前也有很多应用领域：

### 1.快递、物流业中的应用

根据劳务分享模式的实际发展情况来看，最为适合应用劳务分享模式的行业实际上是快递业和物流业。因为这两个行业在操作过程中并不需要多高的技术含量，往往需要付出的就是时间资源。

在目前，快递公司所采用的都是全职人员制度，但是这种人力资源的配置方法往往会在各大电商活动日期间由于订单量突然增大而显得捉襟见肘，进而会出现送件时间延误，快件丢失等现象。快递行业这种全员配送的方式实际上是一种"重资源"模式，其中所讲的"资源"就是人力资源。当前在各行各业都在追求"轻资产"的时代，"重资产"已经不能够完全担负起整个行业的运作使命，像快递公司的全员配送就是一个典型的例子。那么在这种情况下，劳务分享模式将缓解当前快递公司所面临的困境。

因此，不少快递、物流企业已经开始转型升级，建立互联网分享平台，如果商家正好在平台上发布配送信息，用户正好有空闲时间或者是顺路，就可以接单并将快件配送到收件人手中。这种方式毫无疑问比传统的快递要更加省时、快捷，同时也能够给拥有闲暇时间的人提供获利机会。如果遇到异地快件投递，那么快递公司将通过"接力"的方式来完成，即每一个接到任务的人可以进行分段配送，最终则由最后一位"接力者"将快件安全送到收件人手中。

## 劳务分享模式下的快递配送模式

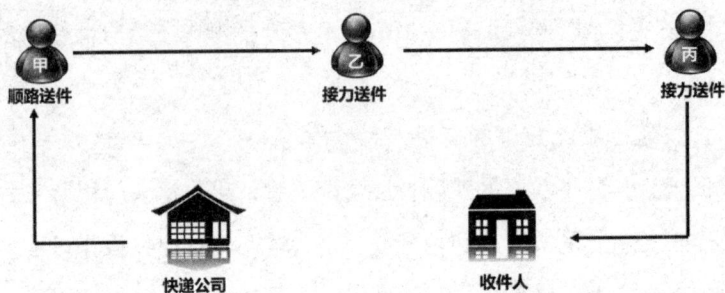

传统的快递行业往往是一种点对点、辐射性运输方式，有时会在原来的基础上根据实际情况进行微调整。但是，在劳务分享模式下，一个司机只要负责某一个区域或者某段路程的运送即可。

比如一批快件从北京送往上海，司机甲只需要将这批货物在北京完成装货，之后再将其送到上海，完成卸货，这样司机甲的配送任务就完成了。至于这批货物还将从上海送到其他地方，则由其他的司机按照接力的方式完成。这样，在不同地域由不同的配送司机完成配送任务，则使得这批货物在更短的时间内就可以完成配送。

当前，美国的知名企业 Uber 已经顺势推出了同城快递业务 Uber Rush，用户可以直接在 Uber 上叫车配送自己的物品到同城的其他地方。在运送过程中，用户可以在 Uber 的网站上直接查到当前货物配送的位置，以及能够配送到目的地的时间。

可见，快递、物流业在劳务分享经济模式下已经进行了全面的转型升级，像 Uber 这样，用户不但可以开车送人到目的地，还可以送货物到目的地，从而使用户的闲暇时间得到了更好的利用，进而赚取更多的价值回报。

### 2.服务业中的应用

其实，快递、物流只是劳务分享模式中最为典型的行业，诸如跑腿服务、上门服务等，都可以实现劳务分享。所有这些服务都有一个非常明显的特点，那就是对于服务人员的技术要求并不是很高，只需要提供时间资源即可。

当前，跑腿公司实际上也是一种劳务分享的代表。借助互联网优势，跑腿公司搭建劳务分享平台，有需要的用户可以通过平台寻求相关服务。比如，用户家中需要购买家具、食品等，都通过跑腿公司去现场采购，并直接送到用户家中，甚至是排队购买火车票、汽车票等，跑腿公司也乐于接受，并提供相应的服务。

212 跑腿商城就是一家借助于劳务分享模式发展起来的跑腿平台。在这里，用户可以享受各种生活跑腿服务，如医院代挂号、代买水果蔬菜、代送饭代办单位社保、代文件配送、陪人看病、代扫墓、酒后代驾、早晚接送宠物、代购办公用品、代参加会议、代购买火车票汽车票等。可以说，只有你想不到的，没有 212 跑腿商城做不到的。同时，212 跑腿商城还承诺，"30 分钟上门，60 分钟送达"。212 跑腿商城以盈余时间为代价，为大众的衣食住行等方方面面提供了代理服务，从而给大众带来了更加便捷的跑腿服务。

    劳务分享经济下，各种退休人员、自由职业者都可以将自己的闲暇时间充分利用起来，让自己的闲暇时间也能够转化为相应的回报。这是当前提高就业率、实现人力资源合理配置的一个重要商业模式。

# 3.4 众包分享模式：人人都是"专家"

近年来，随着 Uber、Airbnb 的兴起以及发展，分享经济的概念和应用也成为风靡全球的新鲜概念和模式，影响着人们生活的方方面面。而在互联网金融的大潮下，以众筹、众包为代表的金融新范式，使得分享经济的适用范围和对象越来越宽广，并且影响也越来越深远。

所谓众包就是指公司或者机构将过去本来都是交由自己内部的员工执行的工作任务，以自由、自愿的形式通过非定向的方式向外承包给非特定大众网络群体的方法。众包是一种人人参与的承包方式，发起者可以是个人、公共机构、企业等，他们通过公开招募的方式来吸引那些用闲暇时间的、自愿参加的个体前来参与完成项目任务，然后待项目完成之后付给对方相应的报酬。这些帮助完成任务的人实际上就是智力、技能分享者。当前国内的众包平台规模呈不断上涨的趋势，诸如猪八戒网、百脑汇等，都是一些极具影响力的众包企业。

以猪八戒网为例。猪八戒网是第一个中国众包平台。2012 年，猪八戒网的交易数量为 45 万笔，交易金额仅仅为 6 亿元人民币。到了 2015 年 6 月，这个数字就有了突飞猛进的增长，交易额达到了 75 亿元，发包方涵盖中小微企业数量达到了 500 万家，接包方包括的机构和个人在内的数量超过了 1000 万家，并建立了拥有 3000 万件原创作品规模的数据库。如今，猪八戒网已经吸引了超过 800 万名技能分享者。

众包是一个典型的分享智力、技能的创新经济范式，在分享经济时代，众包颠覆了诸多领域：

### 1. 信息调研领域

在传统的经济模式下，企业开展市场和客户调研的时候，往往是派遣企业内部市场部人员亲自上阵来完成的，但是这种方式往往流程较长、效率较低、成本较高，并且有些情况下进行跨区域调研的时候，往往会失去数据的真实性。而当前分享经济下，企业则将所有的任务都进行众包，可以将全国范围内有业余时间的所有人员调集起来对用户进行调研，在这种人多力量大的情况下，企业所获得的数据也都是趋于精准的，而且这些人员同时在全国各地进行调研，其完成速度也是非常惊人的，因此，众包的方式让调研任务更加高效、精准、快速的完成。

### 2. 外包领域

很多时候，我们将众包和外包联系起来，并认为二者之间是等同关系，但实则不然。

所谓外包就是企业将外部具有优秀特质的专业资源进行整合，在强强合作中降低成本、提高生产效率，从而使企业的自身的核心竞争力得到充分发挥，而且高效合作也是企业提升应变能力的一种有效方式。外包体现的是社会化分工的结果，其本质是一种形式上的雇佣关系。外包所信赖的是专业人士和专业机构。

而众包则不同，众包是在分享经济时代的一种典型范式，众包是互联网时代的一种产物，所体现的是一种人人平等、大众参与的合作关系，这也就意味着即便是草根阶层，只要有超强的智力和技能等闲置资源，都可以参与众包。

由此可见，众包分享模式已经凭借其参与者范围的宽广性全然颠覆了外包领域的狭隘性，是一种新型的承包形式。

## 众包颠覆的领域

- 01 信息调研领域
- 02 外包领域
- 03 协同创新领域
- 04 金融领域

### 3. 协同创新领域

众包对于信息技术、科学研究、创意设计等的依赖程度是相当高的，当前已经在现代创意领域中有一批众包的成功探索者。

国内知名电影《狼图腾》的海报和宣传片、谭木匠木梳的创意设计，以及众多小微企业的 Logo 设计等，都采用众包模式完成的；知名的 InnoCentive 平台汇集了全球顶尖级的科研工作者，他们为该平台付出时间、技能等方面的资源来帮助其完成工程设计、科学时间等创意项目，该平台也对这些自愿参与项目研发设计的资源分享者提供金额从 5000 美元到 10 万美元的奖金作为回报和奖励。

实际上，没有什么专业机构能够比用户自己更加了解当前的需求。因此，当企业将用户吸引进来参与产品研发、设计等方面的创新，这将使企业的产品更具创新力，更能够满足当前用户需求。

### 4. 金融领域

在国外，人人都可以向银行提供改进意见，银行业会在对某些采纳意见付诸行动并取得成功之后，对每个有贡献意义的意见提出者给予相应的奖励。在我国当前也同样有这方面的探索。

以中国银行为例。中国银行推出了银行业第一个网络众包开放平台——中银易商，通过后台交易结构进行标准化封装，将其所拥有的1700多个通用接口以及300多个标准化接口，采用对海内外分行、附属公司、外部合作伙伴、第三方合作机构、个人开发者进行开放的策略，使用众包的方式集结了众多具有创新能力和技能的优秀机构和个人来提升其互联网金融的创新水平。这是中国银行首次在同行业中在众包分享模式方面的探索和应用。

其实，无论众包如何颠覆其他领域，其本质都是在各领域的一种创新。在分享经济模式下，借助互联网催生，并依赖信息网络而存在的众包分享模式，是一种全新的商业模式，通过汇集各方闲置的智力、技能、知识等，优化了劳动力和智力资源，使得生产效率大幅提升。因此，可以说，众包是一种当前非常具有发展前景的分享经济新模式。

# 3.5 平台分享模式：实现信息资源共享

当前，从全球的经济发展情况来看，产能过剩几乎成为每个国家想要获取的低成本资源，如何才能将这些低成本的过剩产能发挥出更大的价值？分享平台就是解决这个问题的关键。平台分享模式的核心就是通过打造足够大的平台，从而吸引更加多样化的闲置资源，并且将有需求的用户的体验作为平台的第一要领，实现信息资源在平台上的共享。

在互联网时代，平台分享模式有两个特性，一是开放，二是闲置资源。在开放的基础上实现闲置信息资源的共享，也就是平台分享模式构建的目的。

拿淘宝来讲，在传统零售行业里，电商的发展速度远远超过传统商业的发展速度，因为电商是借助平台来发展的，即三大平台：1. 信息交互平台；2. 支付平台；3. 配送平台。在信息交互平台上，买家与卖家以及厂商的所有信息都清晰可见。但是如果到一个大商场中，就很难获得这么多的信息。在传统模式中，如果商场能够做得足够大，达到同行业的榜首，其他同行业中的企业就很难与你达到势均力敌的实力，更不用说与你竞争。但是现在淘宝网可以做到一万亿，而一个实体店要想达到同样的水平是非常困难的。目前淘宝网还在继续一步步成长和壮大，原因在于它搭建了几乎让所有信息资源都能够实现共享的三大平台。平台的力量是非常巨大的，也正因为如此，开放型平台商业模式才更加有成就商业巨头的可能。如今全球最大的 100 家企业中，有 60 家企业的主体收入来源于开放型平台，像苹果、谷歌、亚马逊等，比比皆是，不一而足。

企业平台化是当前互联网时代非常明显的一个特点，由此也使原来的封闭式生态圈转变为开放式生态圈，在这个生态圈中，甚至可以实现全球资源的整合与共享。

平台分享模式实现信息资源的共享，应当从以下几个方面入手：

（1）开放。之所以称之为平台分享模式，其最基本的特征就是开放性，这也是平台生态圈最具生命力的首要条件。只有具备开放性，才能使平台具有巨大的资源承载能力，从用户特征、需求，到供应商产品特点、功能，再到产业链上的各个环节，都离不开平台的资源的开放性。平台可以快速汇集各种闲置资源，从而保证用户需求日益多元化的特点得以实现。

（2）平台化。平台是实现资源分享、资源整合、需求实现等的载体，没有平台，那么企业以及产业链上的各个环节则不能使用户需求实现很好的交互。

（3）网络化。网络将人与人、人与企业等之间的距离拉得越来越近，从而使人与信息的交互、支付等实现了零距离。网络冲击了现有商业模式，未来的商业模式都将在网络上进行和完成，是网络的出现为平台分享的运转提供了更加广阔的空间和优越性。

（4）全方位透明。进入互联网时代，任何信息都将趋向透明化，各种闲置信息都可以拿出来与他人共同分享。开放平台模式更是如此，它向平台的各个"边"清晰地展示彼此的信息，从而使得平台上的各个

"边"都趋向透明化。

## 平台分享实现信息资源共享的方法

以互联网家装企业为例。当前，家装行业普遍存在一定的弊端，如货不对版、质量低劣、延误工期等，在这种情况下，基于互联网的家装平台的出现使这些现状得到了极大的改观。当前，小米、海尔之类的企业也开始涉足该领域。2015 年，互联网家装平台企业已经达到了 200 多家。互联网家装平台其实是一种自建的垂直的重度装修团队平台。在这个平台上，所有的与家装有关的选材质量、品牌、价格等都是透明的，套餐内的所有品牌信息都在平台上一目了然。另外，装修过程也实现了透明化，每天通过拍照上传的方式向客户提供装修情况和进度，并且还在装修现场安装了摄像头，让用户足不出户，在平台上就可以对整个装修过程进行实时监控。从而体现了平台的透明化特征。

（5）交互。平台实际上是实现交互的一个场景，如果平台没有交互，那么整个平台将犹如一潭死水，毫无生机，整个生态圈也将是没有活力的生态圈，更不用说平台企业的正常运转。

（6）共赢。在平台上的每个合作伙伴都是平台上的一员，各个成员之间都是一种平等的合作关系。通过信息资源的分享，可以让平台上的每个人都能够收益，都能够成为赢家。只有实现平台成员共赢，才能使得生态圈得以持续。

（7）扁平化。平台上的任何成员在互联网的作用下都是没有边界的，在组织管理上都是扁平化的，是没有上下等级之分的，这也是整个生态圈得以正常运行的重要保障。

# 3.6 社交分享模式：粉丝是分享的关键

分享经济的意义在于：将资源进行汇集，并且将其重新分配，其最大的优点就是避免了资源浪费。分享经济时代就是人人分享的时代。社交媒体将我们都变成了一个个的信息搬运工，每个人都基于自己的认知，将自以为有价值的信息向外传播、扩散、分享出去。在互联网时代，所有人都被互联网相连接，社交必然成为了互联网时代实现信息流通的主要渠道之一，这种情况下人人都是一个"分享家"。

在这个人人分享的时代，无论是图片社交、视频社交、文字社交、新闻社交等都属于社交方式中的一种，这些不同的社交方式能够满足广大互联网用户的社交需求，然而各种社交触点让用户的社交需求得以满足。

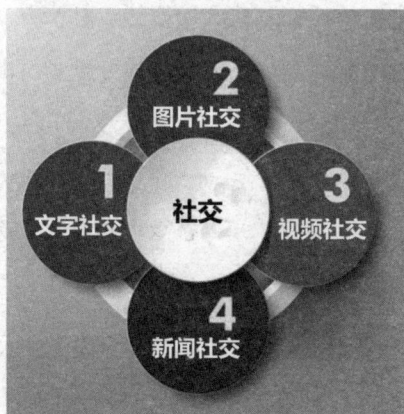

　　社交分享实际上是依靠用户的碎片化时间和认知盈余来实现的。现代城市中，生活节奏的加快，往往使人们忽略了走出户外与他人分享自己喜怒哀乐的心情，以及相互之间进行知识、经验切磋等，使得即便是邻居之间也成了陌生人，从而使自己的交际圈逐渐缩小。然而互联网时代的分享经济又在无形中拓宽了人们的社交圈，熟人网络成为了一种新型的交友方式。

　　在这个熟人网络里，人们可以通过发朋友圈来发表自己的心声，同时也可以将自己的碎片化、闲置资源拿出来与大家共同分享，好友纷纷出来通过点赞、评论、讨论等进行互动。通过这样的方式一方面可以增加与熟人之间的感情，另一方面又可以吸引更多的陌生人相识，从而建立起一种新鲜的社交关系，成为用户的忠实粉丝。与此同时，如果用户有相关难以解决的问题，只要通过互联网平台发出求助信息，这样就会在极短的时间内获得那些具有知识盈余的供给方发来的解决方案，这是在以往任何时代都无法比拟的。

　　身处社交时代的我们，开始利用社交网络来释放自己的认知盈余。随着互联网的不断发展，我们所释放认知盈余的方式和渠道也越来越多，与此同时还可以通过这些不同的渠道来消费他人的知识、分享他人的见解，并创造出一种全新的社交方式。可以说，社交是互联网中非常重要的一个特征，社群粉丝也是实现互联网时代分享经济的关键性因素。


　　国内知名的社交知识分享平台——维书会，是北京软实力教育研究院响应李克强总理"全民阅读"号召而成立的针对社会进步阶层的"好书解读"平台，创办不到一年时间，估值达到了1亿元，目前已经获得了1000万元A轮融资。社会转型时期，人们本领恐慌，读书的必要性日益显现。但对于这个阶层而言，存在着工作繁忙没时间读书、不知道读什么书、读书效率太低、理解能力不足等诸多障碍，维书会应运而生，由平台上的专家每周为大家选一本好书，并由专家先读，然后专家通过45分钟的音频把这本书的精要解读出来，供大家碎片化的时间听（也可以看专家的文字解读），一周一本，一年50本，解决了大家的读书障碍，深受用户的好评，快速获得了大批的粉丝。其会员发展模式又是通过激励会员不断分享而吸引新的粉丝加入。

从"十几万文字"到"45分钟音频"，再通过微信公众平台和APP分享出去，既实现了商业价值，也创造了社会价值。买一本书至少需要几十元，而在维书会平台上，你每读一本书，只需要支付10元，既实惠又高效。各城市还组织了线下社交平台——书茶众创空间，它是为维书会粉丝搭建的书友线下社交平台，每周围绕一本书举办各种交流、论坛等主题社交活动，"把阅读作为一种生活方式，把它与工作方式相结合，不仅会增加发展的创新力量，而且会增强社会的道德力量。"该平台还发起了"全民阅读，大手拉小手"的活动，通过大人读书，帮助贫困山区的孩子实现上学的梦想。这种模式通过互联网线上的分享实现了商业价值，又通过线下的分享实现了社会价值，是当前国家大力推动的模式和领域。

粉丝经济无论是对于个人还是企业来讲，都是一种快速实现营销的方式。粉丝经济是以某个人为中心，呈辐射状将信息分享出去；而社群经济即人脉经济，通过一种错综复杂的网状形式，借助互联网"短平快"的特点，将各种信息快速传播和分享出去，在这个网中，用户为用户提供服务，其中可能蕴含着多种粉丝关系。从这里对比发现，似乎社群经济比粉丝经济更加显得"高大上"。但是无论是粉丝经济还是社群经济，企业在整体运营过程中都必须学会把握，这也是品牌建设的关键一环。

社交网络本身就是通过互联网平台实现用户之间的信息分享，在分享经济时代，社交网络的重要性更为凸显，社群粉丝同样是社交分享的关键所在。

### 1.以社交推广分享

基于社交的重要性和强大推动作用，使得众多分享平台在进行营销的过程中将社交营销融入其中。

举个典型的例子。滴滴出行为了吸引更多的用户使用其出行软件，并提升重复使用率，就给广大新老用户发放福利。如联合支付宝向用户发放各种优惠券、红包等，但用户并不能在支付宝直接领取，而是需要将红包分享到自己的社交网络中，如微信等，才能领取红包，而被分享的用户同时也可以获得红包、代金券等，在搭乘滴滴出行的时候使用。这就是一种典型的以社交推广分享的方式。

这种以社交推广分享的方式对于企业来讲可谓是花小钱办大事，利用红包、优惠券等作为诱饵和回报，吸引广大用户分享，进而提升了企业的影响力和知名度的同时，吸引了大批潜在客户向忠实用户的转变，这种方式可以说是一种平台宣传的放大效应，用户借助社交网络进行病毒式的推荐和拉新，让企业用户规模快速壮大。

### 2.以分享建立社交

当前，打车软件已经在出租车市场占有很大的市场份额，使得传统的出租车行业受到了很大的冲击。为何没有专门的出租车司机，没有属于自己的出租车，打车软件却能够打败传统出租车公司而坐拥出租领域的宝座呢？

关键在于当前的互联网时代，社交的重要性日益凸显，在社交的作用下，粉丝成为了分享的关键，同时也是建立社交的关键。

以 Uber 为例。传统的出租车司机与乘客之间仅仅是一种搭乘关系，在乘车途中可能会相互寒暄地聊路况、聊天气，一旦搭乘服务终止，则双方不再有任何联系。然而以 Uber 为代表的互联网分享经济背景下，则情况完全不同。与其说 Uber 是一个打车软件，更不如说是一个社交软件，与普通社交软件不同的是，Uber 是连接打车的方式实现的。便宜的打车费吸引了广大的司机和乘客成为了 Uber 的用户，同时也在打车的过程中，使得司机和乘客能够建立其一种社交关系。这是与传统的出租车所表现出的人与人之间的冷漠是大不相同的。

从 Uber 的运营方式可见一斑，分享为用户提供了一次寻找具有共同兴趣、爱好的人的机会，资源分享的过程，实际上也是社群建立和粉丝获取的过程。

# 第四章

# 把握分享经济商机：传统企业借助
# 分享经济转型策略

分享经济已经在全球范围内开始蔓延，越来越多的行业也在这个时候受到了分享经济的强大冲击和影响，使得原有的房源、车辆、时间、技能服务等进入了一个共享时代，从而产生经济价值。可以说，分享经济是一个自下而上推动经济制度实现转型和不断发展的颠覆性创新，这一创新改变了传统的商业模式，使得传统企业实现了转型，从而提升了整体经济的营销效率。

# 4.1 拥抱分享经济的到来

　　长期以来，人们习惯于拥有、占有、私有，并且这种观念随着历史长河的延伸而根深蒂固。然而拥有并不是最终的目的，通过拥有能够最大限度地满足自身需求，这才是拥有的最终目标。随着互联网的不断发展，人们所接受的事物渠道和方式不同，其需求也日益呈现出多样化的特点，在这种情况下，仅仅凭借自身所拥有的资源已经远远不能满足当前多样化的需求。在这种情况下，分享经济模式的出现，使得再多样的需求都能够通过分享而得到解决。

　　众包、资源（时间、知识、空间、车辆、技能、经验）分享等，使得人们不再需要拥有，不强调"所有权"，而将重点放在"使用权"上，这样，分享经济就成为最大限度满足需求的最优选择。不得不说，与所有权相比，使用权则更加具有灵活性。因此，对于传统企业来讲，选择分享经济模式实现转型是最为明智的选择。那么传统企业应该如何拥抱分享经济呢？

## 1. 既要推陈，也要纳新

　　作为传统企业，与现代企业相比，本身就带有一种陈旧的基因，包括思维的陈旧、技术的陈旧、设备的陈旧、产品理念的陈旧、商业模式的陈旧、客户管理和服务模式的陈旧等，也正是这些基因阻碍了传统企业在现代社会中前行的步伐，因此，传统企业要想加快实现向分享经济型企业转型，首先必须抛弃原有陈旧的思想、模式、管理方式和产品理念。同时要多借鉴和吸纳互联网思维和分享经济商业模式，建立新的产品理念、营销理念和客户服务理念，以此来助推传统企业向分享经济型企业转型的速度。

**2. 提升品牌形象，把握三重底线**

分享经济本身是将一切具有使用价值的闲置事物、资源进行再利用，这种理念是与当前国家大力提倡的"三重底线"，即经济、社会、环境底线的概念是相吻合的，很多企业也都开始寻求更好的渠道和方式来迎合当前国家所提倡的可持续发展战略。因此，不少传统企业开始逐渐向分享经济靠近，推出资源共享策略来保护环境，如废弃物回收再利用、以旧换新等服务，这些都是对提升企业的整体形象以及品牌口碑大有裨益的。

国内知名家电巨头海尔，就是积极迎合当前国家提倡的可持续发展战略，解决废弃电器闲置资源浪费的问题，推出了"以旧换新"的策略，用户只要将家中的闲置不用的电冰箱、热水器、洗衣机等拿到海尔"以旧换新"的网点，不限品牌、不设门槛，一律享受购机补贴。海尔推出的这种"以旧换新"的策略，一方面为消费者提供了一个活动平台，为消费者解决了废旧闲置电器处理难的问题，另一方面收回的旧家电同样也具有一定的使用价值，经过合理地资源再利用，将这些废弃资源变废为宝，重新体现其经济价值，这样也进一步推动了海尔在整个电器市场中的销售额。更重要的是，海尔的这种免费的、无门槛的"以旧换新"让广大消费者尝到了甜头，使得海尔良好的品牌口碑直线上升，极大地提升了海尔的品牌形象，同时也为国家的环保事业贡献出了巨大的力量。

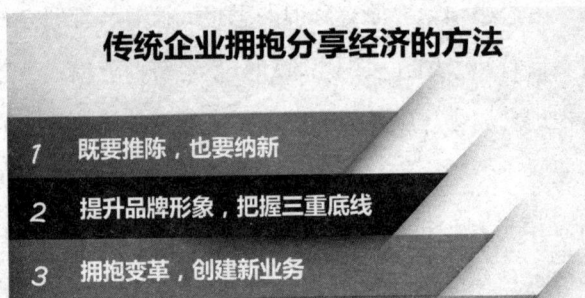

**传统企业拥抱分享经济的方法**

1　既要推陈，也要纳新
2　提升品牌形象，把握三重底线
3　拥抱变革，创建新业务

### 3. 拥抱变革，创建新业务

如果作为传统企业，却依然拥有庞大的客户群和强大的品牌影响力，并且自身有足够的创新实力和风险抵御能力，那么该企业就可以利用分享经济的思维直接去挖掘新的业务渠道。

分享经济思维的本质实际上就是将闲置资源的所有权进行淡化，最终将使用权作为分享的重点，充分利用闲置资源，从而有效提高供需匹配度和资源利用率，进而为用户创造出更大的价值。

以沃尔玛为例。沃尔玛与联邦快递等物流公司合作，进行电商的物流配送，但是其配送成本是非常高的。在不断的经营过程中，沃尔玛发现知名的 Instacart 作为分享经济配送公司，在诸多方面都有一套创新运营模式，那就是让店内购物的顾客不但是消费者，而且还充当起"配送员"的角色，这种方式实际上是对那些"剩余"运力的充分、合理的利用，这样就在很大程度上提升了企业的运输能力和效率。当前在全美国有 50 家门店的运营模式是采用的分享配送服务。

在这个分享经济时代，作为传统企业，能够充分借鉴分享经济思维实现变革，企业的发展前景将不可估量，因此，拥抱分享经济的到来正当其时。

# 4.2 借力众包华丽转型

在互联网时代，分享经济让传统企业家能够出售不属于自己的产品，只要人与人之间建立起了足够坚固的信任，那么全世界的所有闲置资源、碎片化时间都可以在同一个平台上拿出来供大家一同分享，所有的东西在分享的过程中是不受地域、国家界限的限制的。这也正是当前传统企业瞄准分享经济领域，并向分享经济转型的主要原因。

作为传统企业，在面向分享经济这一创新商业模式的时候，必然会因为缺乏必要的辅助力量而阻碍了向分享经济型企业转型的步伐。因此，在必要的时候借力社会化力量往往是传统企业实现华丽转型的重要力量。

当前，传统企业无论是属于劳动密集型还是知识密集型，都可以借力众包分享平台，一起进行合作，借助其虚拟员工满足自身企业人力资源临时不足的情况。比如借助众包平台将产品设计外包、包装设计外包、营销策划外包、销售渠道跨界整合、客户服务外包等等。这样，传统企业就可以不再将所有的生产和销售过程都依托于全职员工来完成，借助于虚拟员工或外部平台来完成某些工作，既优化了传统企业的劳动结构，降低了成本，又能够更加高效地完成任务，进而能够快速地响应市场，提升自己的竞争力。

这种借力众包，打造虚拟组织模式的方式，具有两方面的优点：一方面，可以节省成本；另一方面，能够使那些更加具有聪明才智的员工能够自由支配自己的时间来钻研其他更有价值的领域和产品。

在众多手机品牌横行的时代，很多手机品牌被淘汰，而小米这时开始做手机，3 年多从 0 到 2000 多亿元，其成功的核心原因是他的运作模式完全颠覆了传统手机厂家的做法。小米通过平台整合设计资源、供应资源、生产外包、通过互联网平台销售等等，是传统企业转型学习的楷模。

小米公司的产品开发流程则直接颠覆了传统的产品开发流程，通过社交媒体直接接触到消费者的真实想法，了解到消费者的真实需求，进而提供能够满足于消费者真实需求的产品。在小米公司的产品开发流程中，全新的"众包"模式是最大的亮点，如小米公司在开发"MIUI"操作系统时，通过与小米论坛上的粉丝们进行互动，收集他们对"MIUI"操作系统的意见，每周快速更新版本，对"MIUI"操作系统做出改进；又如小米公司在开发手机新功能之前，通过提前向小米论坛上的粉丝们透露一些想法，收集他们对手机新功能的意见，快速做出反应，对"小米手机"新功能做出改进。这种全新的"众包"模式让小米公司在产品开发流程中能够第一时间根据消费者的需求对已经上市或还没有上市的新产品做出改进，进而提供能够满足消费者真实需求的产品。

实际上，与小米相类似的企业也有很多是采用这种众包分享模式来有效整合社会资源，如私厨资源、外卖服务、美甲服务、家政服务等。然而，常见的那些简单重复的劳动力和时间的外包，仅仅是服务众包的一小部分。在分享经济下，越来越多的由传统企业全职员工负责完成的专业性工作都逐渐通过外包或众包发放出去。这种模式下，企业不用受地域、时间、专业的限制，对于传统企业而言，则在众包对象的选择方面有更多的选择性。在分享经济模式下，这种借力众包，打造虚拟组织模式的方式，重构了组织的运行模式，能够加快传统企业的发展壮大进程。

# 4.3 与分享经济企业进行合作

作为传统企业来讲，除了自身通过创新实现转型和实现社会化运作外，还可以通过与分享经济企业进行商业模式合作，分享业务资源和客户资源等。这种合作模式中，传统企业无需进行投资，同样可以达到品牌推广和市场盈利的双赢目的。

### 1. 开拓销售渠道，实现双赢合作

对于那些当前还不具备实现分享经济模式的传统企业来讲，他们依然能够看到分享经济在企业运营过程中的巨大价值，因此可以适当地转换固有思维模式，尝试利用分享经济为自己带来更多的用户和利润。最为简单的就是直接和已经使用分享经济模式运营的企业寻求合作，从而将其视为自己的销售的拓展渠道，通过双方合作实现共赢。

在酒店行业里，以行业巨头著称的万豪集团（Mariott）就是开拓销售渠道，实现双赢合作的典型案例。万豪集团和办公室共享企业 Liquid Space 公司共同展开合作，将 Liquid Space 公司作为除自身销售力量之外的一条全新的销售渠道，将万豪酒店平常闲置的会议室资源通过 Liquid Space 公司按需销售给了有办公室需要的创业者和小微企业。这样的合作方式，在运营过程中所取得的成果是非常显著的。对于万豪集团来讲，一方面，将闲置的办公资源分享出去，获得了相应的利润回

报；另一方面，这种合作机制又很好地帮助万豪集团更好地了解了当前新生代消费者的需求心声。自万豪集团与 Liquid Space 公司合作并取得成功之后，诸多企业也都纷纷效仿这种做法，如喜达屋（Starwood）也与 Desks Near Me 公司进行类似的合作，以期实现共赢。

### 2. 灵活部署资源，加强服务质量

利用分享经济企业作为新的服务资源，这也是当前传统企业可以间接拥抱分享经济实现转型的策略之一。这种做法不但可以增加服务人员、拓展服务范围，还可以给企业带来更多更灵活的选择，传统企业可以在业务员闲暇时使用自身服务资源，在业务繁忙之际使用这些额外的服务资源。

美国最大的有机食品超市全食超市（Whole Food）就在灵活部署资源，加强服务质量方面做得非常好。2014 年 9 月，全食超市与分享物流配送公司 Instacart 在全美国的 15 个城市中达成了合作关系，提供 1 小时送达的配送服务。2015 年 6 月，全食超市又进一步扩大了合作规模，与另一家分享经济企业 Door Dash 也达成了合作伙伴关系。在 2014 年第四季度的投资者电话会议上，全食超市的 CEO 约翰·马凯对外透露，自从与 Instacart 展开合作之后，客户的平均采购量有了明显的提升，提升到之前的 2.5 倍，并且每周的销售额也增加了 150 万美元。分享经济的服务加强了全食超市最后一公里的配送能力，并且还实现了服务资源的按需使用。全食超市的成功充分说明，与其他分享经济型企业达成合作关系，确实在提升企业营业效率的问题上起到了事半功倍的效果。

## 传统企业与分享经济企业合作的方法

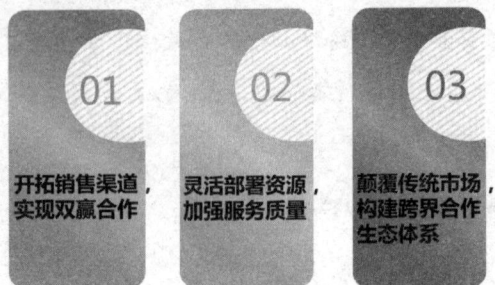

| 01 | 02 | 03 |
| --- | --- | --- |
| 开拓销售渠道，实现双赢合作 | 灵活部署资源，加强服务质量 | 颠覆传统市场，构建跨界合作生态体系 |

### 3.颠覆传统市场，构建跨界合作生态体系

当前，大多数分享经济行业依然处于一种起步阶段或者成长阶段，因此，在这个阶段中市场发展的格局还没有定论。对于分享经济平台来讲，那些率先进入市场试水并能够发展成一定规模的企业，往往具有一定的话语权，这些企业可以基于现有的业务逻辑和平台规则形成一个完整的生态链。

以滴滴出行为例。滴滴出行作为出行领域的巨头企业，以出行场景为主，在专车、拼车、代驾、巴士、试驾等方面都实现了全面覆盖。众多跨界的合作伙伴都与滴滴出行一起参与出行共享的多样化场景建设，以营销跨界、业务跨界和平台跨界这三种模式，构建了跨界生态体系。当前，滴滴出行推出的开放平台已经吸引了300多家跨行业企业的加入。例如滴滴与华住酒店集团双方联合在酒店App平台上增加了"专车优享"入口。

当然，像滴滴出行与华住酒店集团这样的巨头与巨头之间的合作并不是唯一，在分享经济的其他领域中，跨界合作也是非常常见的。

百事集团与跑腿网站 Task Rabbit 之间达成合作关系，宣传其新上市的一款软饮料 Pepsi Next 并吸引新客户。同时，百事赞助了一项名为"额外时间"的竞猜活动，竞猜获胜的人可以获得由 Task Rabbit 提供的一小时免费劳动时间。该项竞猜活动每次持续举办 4 周，每周会给出 50 个任务。百事集团之所以选择与 Task Rabbit 进行合作，其主要原因是因为百事集团的目标客户是一些特别热衷于技术事物，他们不但年轻而且很有抱负和志向。然而 Task Rabbit 的客户正是符合百事集团的客户需求，通过与 Task Rabbit 进行合作，百事集团能够将其品牌与 Task Rabbit 提供的放松式服务更好地相结合，可以完成企业日常琐碎工作的需求，这样百事集团就可以将节省下来的时间投入到更多的市场营销当中。

当前，跨界合作已经成为一种潮流和趋势，并且在众多领域中已经实现了不断拓展和深入渗透，传统企业要想借助分享经济实现转型，与分享经济企业之间展开多样化合作是一条非常重要的途径。

# 4.4 投资、并购分享经济创业企业

　　传统企业拥抱分享经济实现快速转型，是当前分享经济下所有行业企业发展的大势所趋。传统企业可以根据自身的发展特点和战略需求，通过投资、并购的方式快速进入分享经济市场。传统企业还可以通过分享经济的差异化服务来完善自身产品，一方面可以抵御同行业企业所带来的巨大竞争压力的冲击，保住现有客户规模；另一方面可以通过投资或收购的方式快速布局分享经济，使其自身的发展从原来的被动状态转为主动状态，从而在整个分享经济领域中有一定的话语权。

## 1. 寻求战略投资，投资参股

　　对于很多传统企业而言，分享经济对于它们来讲，既新鲜且有深度参与的意愿，又由于各种因素的限制，如战略、资源、能力等，而影响其参与的可行性。这样，不少传统企业就想方设法地寻求一些战略性投资方式，通过参股、兼并方式，和那些与自身业务相关或者能够为自身业务的发展谋取福利的分享经济企业进行股权融合，从而在提升自己业务的同时，还可以加强双方之间的合作关系，更重要的是可以带动自身更好地深入和理解分享经济模式，进而使企业运营更好地融入分享经济模式当中。

　　宝马集团就是为了能够快速适应当前分享经济的发展趋势，投资了一家从事分享停车业务的企业 Just Park，在宝马投资参股之后，宝马已经成为当前全球分享停车领域中的大佬，目前已经拥有超过 50 万人的司机用户在使用该服务。之后，宝马还在其旗下打造的全新 Mini 系列中加入了 Just Park 的移动应用功能，这样就使得 Mini 用户能够更加便捷地找到停车位并且进行快速支付。宝马与 Just Park 的合作，其结果向我们证明是非常成功的，也因此获得了大众的认可和好评。

## 传统企业
## 投资、并购分享经济创业企业的方法

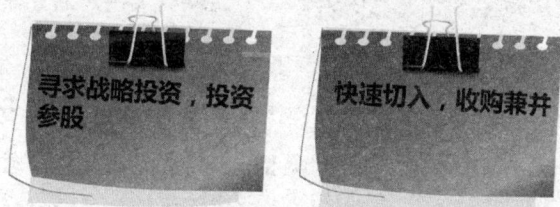

寻求战略投资，投资参股

快速切入，收购兼并

### 2. 快速切入，收购兼并

相当多的传统企业希望能够搭载分享经济快速实现转型来适应当前社会经济发展的趋势，希望能够快速进入分享经济领域。一种最为简单的方法就是对那些已然成为分享经济型的企业进行直接收购兼并，这一策略对竞争激烈、受分享经济商业模式冲击较大的行业中的传统企业更加适用，如租车行业。

2016 年 6 月 22 日，途家宣布并购蚂蚁短租 100% 的股权，同时蚂蚁短租原控股股东 58 集团成为途家的股东。这意味着，未来蚂蚁短租与途家将继续保持各自品牌以及运营的独立性，核心团队架构依然保持不变。途家与蚂蚁短租的这次合作，完全是分工不分家，双方进行独立运营，将自己拥有的数据资源实现共享，协同发展实现共赢。

途家与蚂蚁短租的这种强强联合进行并购的案例是为了实现协同共赢而进行的。然而作为传统企业，收购和兼并分享经济型企业则是实现快速转型和壮大的有效途径。

2013 年出租车巨头安飞士·巴吉集团以 5 亿美元收购了全球首家分享经济型企业 Zip Car 公司，从此顺利进入分享经济领域。

安飞士·巴吉集团并不是唯一实现收购兼并的企业。2016 年 1 月，通用汽车宣布斥资 5 亿美元收购打车应用软件 Lyft，双方组建了战略联盟，并联合开发一个自动驾驶汽车订车网络。这一收购结盟是迄今为止大型汽车制造商与打车服务公司之间的首个案例，也是通用迄今为止对另外一家公司最大规模的投资项目之一。这也充分体现了通用布局分享经济的野心。

无论是通用还是安飞士·巴吉集团，两者在并购上都大刀阔斧的烧钱行为，可以说证明了当前两者在实现分享经济转型问题上的决心。然而，安飞士·巴吉集团和通用所代表的仅仅是部分领域的传统企业通过收购兼并的方式加快分享经济的转型，在其他领域同样也有不少传统企业与分享经济型企业共同发展，共享分享经济的发展红利。

在酒店领域，像凯瑞酒店集团意识到了短租公寓有可能会分流其资源，开始资本运作切入短租平台。凯瑞酒店集团参与 Airbnb-Onefinestay 的 4000 万美元融资。新加坡的雅诗阁集团入股途家网，并组建合资公寓管理团队进行管理。

　　其实，无论是收购还是兼并，其最终的目的都是使得传统企业能够快速进入分享经济并实现赢利。只有让传统企业在最短的时间内能够适应当前经济发展新形式所带来的巨大挑战，快速适应当前经济发展的模式，并最大限度地获益，才是传统企业借助分享经济进行转型的最终目的。

第五章

# 数据驱动分享经济：分享经济需要
# 大数据的支持和驱动

　　分享经济商业模式是互联网时代的标志性产物。分享经济理念借力互联网、大数据在和行业各领域进行深度融合，这已然成为了世界性的大趋势。目前，全球分享经济呈快速发展态势，这是拉动经济增长的新渠道。通过分享、协作方式进行创业创新，门槛更低、成本更小、效率更高、速度更快，这有利于拓展全球分享经济的新领域，从而让更多的人参与进来实现共赢。然而，这一切都离不开大数据的支持和驱动。大数据是促进生产力变革的基础性力量，以大数据驱动经济发展，重构生产过程，实现技术和商业模式的创新。分享经济是大数据驱动下的创新经济，它改变了过去主要依靠外部资源要素投入的发展模式，而是充分调动和使用现有的闲置资源。在大数据支持和驱动下的分享经济，将成为冲破传统经济瓶颈的新动力，推动了传统企业的转型和升级，并且带来了全新的经济增长点。

# 5.1 大数据助推分享经济成长

2015 年大数据方兴未艾，2016 年分享经济已经开始如火如荼地进入人们的视野。我们的生活中，无时无刻不在产生或多或少的数据信息，并且累积成海量信息，这些海量的数据信息实际上是一笔巨大的财富，是一座价值连城的"石油矿"。但是这些数据资源如果将其搁置，不加以整合和利用，那么大数据的价值作用是很难发挥出来的。只有将这些数据进行分享，才能更好地体现大数据的价值，大数据的存在才更有意义。

基于大数据的分享，使我们的生活发生了巨大的变化，在大数据时代，一切变得可视化、透明化、可预测，也使我们的生活方式、企业营销变得更加容易和精准。分享经济旨在将社会上的一切闲置资源充分利用起来，从而以最低的成本，实现资源使用率的最大化。大数据资源如果任其搁置，让其沉睡在一旁，那么也是一种极大的资源浪费。反之，如果能将这些数据信息加以整合并合理利用，那么对于企业的发展将产生不可估量的作用。大数据的供给方也将因此而获得价值不菲的回报。这无论是对于需求方还是供给方都能够实现互利互惠，实现共赢，也从整体上推动了分享经济的成长与发展。

因此，可以说海量的大数据信息与分享经济之间有着千丝万缕的联系，主要表现在以下几个方面：

**1. 万物皆数据，万物皆资源，万物皆可分享**

随着互联网、云计算、物联网技术的不断发展，再加上智能设备层出不穷，使得一些事物都能够从其表面发现其本质，这也就是人类生活行为数据化的体现。万事万物数据化可以换个角度理解为我们身处在一个数字网格之中，这个环境会产生、使用其产生的海量信息，在这个数据和信息的海洋中，不论是人还是物，无论是实体的还是非实体的都被数据所代表。不管是知识、物品、技能、出行等都离不开数据。在这个万物皆数据的时代，既然数据是万物的本质，那么数据也是一种非常有价值的资源，也是一种财富。既然作为一种资源，那么大数据也是可以拿来进行分享的。

分享经济意味着一切可以分享的都可以进行分享，如技术、知识、信息、空间、交通、技能、经验、时间等。众多 BIM 技术型分享企业就是基于数据实现技术数据分享的。BIM 以建筑工程项目的相关数据信息为基础，建立了数字化建筑模型。通过这个模型可以对整个工程项目的建设和实施进行可视、协调、模拟等，使得工程建设的信息发生了巨大的变化。BIM 技术采用数据为中心的协作方式，实现数据分享，从而有效提高了建筑行业的工作效率。另外，通过这些数据共享，还可以提升建筑品质，实现绿色、模拟的设计和建造。

BIM 是一种技术，同时也是一种理念，BIM 的技术研发需要多个部门的共同协助才能实现，如政府部门、业主、设计公司等提供相应的技术资源才能推动 BIM 的发展。BIM 需要面对的是异常复杂的项目，而且还是一些量大面广的常规建筑，因此这也就意味着 BIM 机构的研究需要不断加强相关数据理论、信息共享与数据转换等关键性技术的获取，从而保证 BIM 的可持续发展。只有这样，BIM 才能够在吸取其他多方技术资源的支持下实现自身作用的最大化发挥和体现。

## 大数据与分享经济之间的联系

01　02　03

万物皆数据，
万物皆资源，
万物皆可分
享

数据实现供
需精准匹配

传递个性化
及时信息

### 2. 数据实现供需精准匹配

基于大数据，企业可以收集大量用户信息，包括个人喜好、购买习惯、购买动机等一系列数据信息。可以说，谁能率先挖掘到数据背后隐藏的用户价值，那么谁将能够占领整个营销市场的最高点，甚至可以控制整个营销市场。借助大数据，企业可以更加明确用户真正需要的是什么，如何才能满足用户需求，进而制定相关的分享策略，让企业产品与用户需求相匹配，实现精准营销，让用户最大限度获得极致体验。这种基于大数据实现供需精准匹配的方式使得企业成本大幅降低。更重要的是使得企业产品与用户需求能够得到最大限度的满足，这样从根本上提升了企业向用户分享自身产品而获得的回报率。与分享经济实现低成本、资源匹配，以及提高资源利用率的特点是相吻合的。

据公安部交管局统计数据显示，2014 年，我国的机动车保有量为 1.54 亿辆；2015 年，我国机动车保有量达到了 2.64 亿辆；截止 2016 年 1 月 27 日，我国的机动车保有量达到了 2.79 亿辆。这些数据充分向我们说明了当前私家车数量正在开始缓慢增长，同时也说明我国拥有一个庞大的私家车规模，这也正是城市上下班高峰期导致交通拥堵的真正原因。

清华大学的媒介实验室发布了一则《2015 年移动出行白皮书》，该《白皮书》显示："无论是专业的出租车领域还是私家车车主，都对拼车表现出了积极的意愿，更有 85.5% 的乘客表示在节约打车费、降低等候时间的前提下愿意通过打车软件进行拼车。"

为此，成立于 2012 年的滴滴打车也在与快的打车合并之后，于 2015 年 6 月 1 日正式推出了滴滴出行顺风车服务，该服务定位于城市"共享出行"，利用大数据算法和先进的技术，将每位愿意结伴同行的车主和乘客进行一对一连接，从而实现滴滴出行与乘客需求的匹配。车主可以通过产品选项设定好即将出行的路线；乘客可以通过 App 设定自己上下车的地点；顺风车产品会根据双方的路线自行匹配车主和乘客，从而实现顺路同行的目的，为广大的乘客提供了更加便利的出行服务。

### 3. 及时传递个性化信息

在当前这个科技相当发达的年代，互联网已经成为了一个不可或缺的工具，逐渐渗透到各个领域，并深刻影响着每个领域的发展前景。在分享经济下，大数据搭载着互联网"短平快"的特点实现了个性化信息的及时传递，让资源的分享更加快速、便捷。

首先，利用互联网，使得企业在获取用户数据信息的过程中更加快捷、简便，也使得获取的用户数据信息更加精准，一旦用户的喜好、习惯等发生了改变，传感器搭载互联网就能帮助企业快速获取用户当前的需求特点，进而制定出更加能够满足其个性化需求的产品和服务。

其次，在采购原材料、仓储资源合理配置、产品销售、运输配送的过程中也会产生大量的数据，对这些数据进行收集、分析，并加以合理利用，可以帮助企业更加精准地制定生产、营销决策，从而大幅提高了运营效率、降低了运营成本。

最后，对销售数据、供应商数据等的变化进行实时分析，可以帮助企业动态地调整和优化生产节奏和库存规模，达到既能供需平衡又不至于造成资源浪费的目的。

滴滴出行是一家以大数据作为企业核心驱动的公司，滴滴出行在利用大数据传递个性化及时信息方面做了很多相关出现的预测。通过对行驶在马路上的交通工具分享的路况信息进行收集、处理和分析，通过非常强的机器学习的算法，滴滴出行获得了更多关于什么时候出行流畅、哪里的路况更通畅的数据信息，进而制定出相关的规划路径，实现了出行供给和需求之间的匹配，有效缓解了交通压力的同时，节省了乘客的很多出行时间。毫无疑问，滴滴专车这样的举动是成功的，是受到大众青睐和推崇的。另外，滴滴出行还将这种极致服务落到了每个人、每位司机和用户身上，以满足用户的处于动态的个性化需求。经常用滴滴出行的乘客想必都知道，虽然有时候可能会出现预测你在哪里上下车的地点不是非常精准，但是，随着当前信息技术的不断发展，滴滴出行可以预测到用户在哪个小区的哪个门等车是最为方便停车的，用户所住的小区哪个是距离最近的出行路径等。基于这些日常数据的分析，使得滴滴出行的预测越来越精准，从而使得乘客的出行变得更加简单和快捷。

从以上几点中，我们可以看出，在当前互联网发展突飞猛进、分享经济大肆盛行的时代，大数据已然成为了分享经济的核心，一切资源的分享都是大数据的分享。因此，我们可以说，大数据的发展推动了分享经济的发展，是大数据推动了分享经济的成长。

# 5.2 打破数据孤岛，实现互联互通

分享经济实现的目标就是将社会闲置资源进行整合并实现优化配置，然而在实现分享经济的过程中，大数据和分享经济两者之间的关系可以说是"左右脚"。一方面，分享经济正在不断地向各个领域各个行业渗透，像 Uber 和 Airbnb 正一步步走向繁荣，并且被社会大众所接受；另一方面，分享经济在向各领域渗透的过程中，大数据成为推动分享经济向前发展的核心，起到了非常重要的作用。

Uber 和 Airbnb 通过使用 O2O 的运营模式，使得我们的出行和住宿方式发生了巨大的变化。在大数据作为核心推动分享经济发展之前，无论是出租车还是租房行业的发展模式都持续了很长一段时间，并且供需问题一直都没有得到很好的解决。

以出租车行业为例，在传统的出租车领域，对于出租车司机来讲，或者需要一路行驶等待有乘客打车，或者在人流较多的地方停车等待乘客搭乘；对于乘客来讲，往往在最急需出租车的时候，却等上半个小时可能也没有一辆出租车经过。这样无论是对于出租车司机还是乘客而言，都花去了很大的时间成本，并且出租车司机还白白浪费了很多油。这些问题无论是对出租车司机还是乘客，都是痛点。

　　但是 Uber 和 Airbnb 的出现使得原来的消费者可以随时转换为供给方的角色，供给方也可以随时变为消费者，买卖双方没有明确的身份划分，往往带有一定的模糊性，这种分享模式颠覆了传统的商业模式。这种巨大的颠覆下，真正起到作用的其实就是大数据。通过对消费者的消费行为和消费记录等数据信息进行收集和分析，从而洞察到当前消费者的真正需求，包括购物喜好、购物习惯等，进而为其提供更加适合其自身特点和需求的产品和服务，从而让消费者获得更好的产品和服务体验。这是当前整个时代的需求，也是分享经济实现持续发展的需求。

　　然而，在很多情况下，企业往往注重的是其内部数据的挖掘和利用，而忽视了企业外部数据的价值。事实上，企业外部数据对企业发展的影响也是不容小觑的。利用外部数据，企业可以提升自己的管理决策和市场应变能力，这是内部数据所无法比拟的优势。

　　企业外部数据的流动性是非常大的，实时、快速地实现企业间的数据快速传递和交互可以帮助企业获取更多有价值的外部数据，包括用户使用技术的信息、购买方式和意见、竞争对手的价格浮动走向、最新技术的应用情况、同行业新品上市情况、全球供应链模式、全球经济发展态势等。如果企业一味的故步自封，就会使其自身的内部数据形成数据孤岛，对企业的发展也是不利的。

　　沃尔玛和宝洁公司经常进行数据交换，实现数据共享，从而通过这种交换方式使得沃尔玛更加了解消费者在线下的购买行动，也让宝洁公司了解到什么样的宝洁品牌会更加受到消费者的青睐。之后，沃尔玛和宝洁公司会根据互相交换得到的数据制定出更加适合企业当前发展的管理决策，也从另一个侧面提升了双方的市场应变能力，使得两者能够在这场更加激烈的无硝烟的市场战争中获胜。

就当前运营大数据的分享平台业务发展而言，实现数据的互联互通，目前主要包括两种模式：

第一种是提供分享服务，构建统一开放的数据分享平台，阿里巴巴就是一个非常典型的例子，是众多企业需要借鉴的。

阿里巴巴对 4500 万中小企业用户的搜索、询单、交易等电子商务行为进行了数据分析和挖掘，从而打造了一个免费、开放、共享的互联网数据平台，为中小企业以及电子商务人士提供了更加便捷、丰富、专业的综合数据服务。目前，阿里巴巴应众多中小企业电子商务日益增长的数据需求，正式开放了部分为面向全体用户的宏观行业研究模块，由专业化行业进行分析、提供针对各级产品的热点分析，以及实时行业热点资讯等几个部分构成。阿里巴巴搭建这个互联网数据分享平台，面向广大中小型企业提供数据分享业务，让更多的中小企业能够从中获益，而对于阿里巴巴来讲，也通过这项业务获得了更丰厚的利润回报。

### 分享经济打破数据孤岛，实现互联互通

提供分享服务
1

提供新兴数据应用
2

第二种是提供新兴数据应用，即在新兴数据应用的基础上，逐渐向外拓展业务模式，如 Facebook。

Facebook 平台的搭建已经有 10 年的历史了，Facebook 公司借用它的开放图谱正在不断扩大自己的用户规模。当前，Facebook 已经有超过 1000 万用户在借助这个开放图谱在社交网络平台上获得一杯羹，如Viddy（用手机将摄影内容转变为小电影）、SocialCam（短视频社交应用）、VEVO（谷歌、环球音乐和索尼音乐合资的音乐服务网站）也都纷纷开始借助开放图谱来拓展自己的用户规模。开放图谱实际上是一种抓取 Facebook 用户在第三方服务上的数据，然后将这些数据全部反馈给Facebook，之后 Facebook 的用户就可以向自己所有在线的朋友分享全部的信息内容。比如，数字音乐服务 Spotify，用户跟自己的 Facebook好友分享自己喜欢的 Spotify 音乐，这些小碎片数据信息全部汇集到Facebook 进行动态更新，然后将这些小碎片数据传送到 Facebook 时间线，最后这个碎片音乐数据就会传送到其朋友进行分享，通过这个碎片音乐引起用户和其好友产生共鸣，加深双方之间的感情。

毫无疑问，大数据和分享经济的相融相生正在开启一个崭新的时代。大数据分享平台的建设都是围绕打破数据孤岛实现数据的互联互通进行的，分享、开放已经成为大数据进行产业布局的主要内容，只有在实现数据的互联互通的基础上，才能使得分享经济不断向纵深发展，进而孵化出更多更新的商业模式，影响到更多的行业和领域，最终达到提高社会运行效率的目的。

# 5.3 用户数据应用安全与知识产权保护

分享经济企业在"互联网＋"的背景下积累了大量的交易数据、评价数据等，因为数据具有一定的客观性和透明性，因此使得安全问题和知识产权问题成为了亟待解决的重点。

数据信息资源的分享是将一定范围的数据信息资源，包括数据信息传播机构、数据信息资源的使用者所拥有的数据资源，按照互利互惠、实现共赢的原则进行共同分享。这种方式使得数据信息资源的提供者和使用者都能够用最小的投入就能够获取尽可能多的、优质的数据信息资源，最大限度地满足使用者的需求，实现数据信息资源的充分利用的同时，也极大地提高了数据信息服务机构的经济利益和社会效益。

**1. 数据分享的安全问题**

然而，在分享和使用数据信息资源的时候，往往被忽略最多的可能是数据的安全性问题以及知识产权的问题。

数据产生安全隐患可能有以下几个方面的原因：

（1）大数据存在物理安全问题，即本身存在安全隐患。人们对大数据的狂热追求，迫使很多人过度追求数据挖掘，因而很多时候挖掘来的信息在毫无防备下，就已经侵犯了他人的个人信息权，尤其是在我国个人信息权方面还没有制定相关法律保护的情况下，数据采集的渴望往往激怒了消费者，消费者对于享受大数据带来的便利感往往被个人信息泄漏而带来的愤怒所打败。这样，企业不但没有向消费者靠拢，反而由于泄露消费者信息而把二者之间的距离拉得越来越远，这与企业的美好初衷背道而驰。

（2）大数据可能来自有问题的信息源。如果大数据的信息源存在一定的问题，那么随之而来的大数据也必然会给企业发展带来偏差。

## 数据分享安全隐患产生的原因

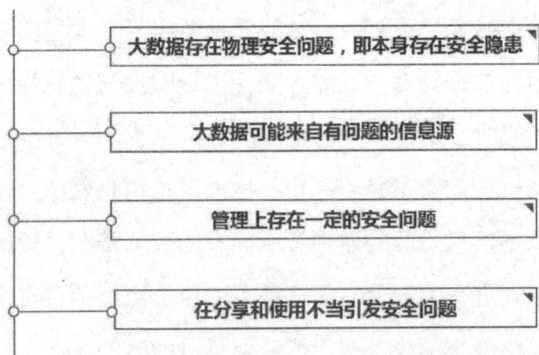

- 大数据存在物理安全问题，即本身存在安全隐患
- 大数据可能来自有问题的信息源
- 管理上存在一定的安全问题
- 在分享和使用不当引发安全问题

（3）管理上存在一定的安全问题。当前，数据资源成爆炸式增长，数据的来源五花八门异常丰富，同时数据类型也呈现多样化的特点，使得数据的存储量更加庞大，这就对数据的管理提出了更高的要求。当企业的各项技术和设备有限的情况下，对于如此庞大的数据资源的存储方面就比较欠缺，因此如果管理不当的话，就容易造成数据资源丢失、损坏现象，进而使得数据不再具有精准性，进而给使用者带来一定的运营风险，并由此造成一定的损失。

（4）分享和使用不当引发安全问题。数据资源在分享和使用过程中也往往会因为操作方法不当而引发一系列的安全问题。因此，需要一些具备综合掌控数学、统计学、机器学习等方面的知识符合型人才，才能更加合理地分享和使用宝贵的数据资源财富，才能让这些数据资源更好地为我们服务。

　　据国外著名的职业人士社交网站 LinkedIn 所做的调查显示："对全球超过 3.3 亿用户的工作经历和技能进行分析，并公布了 2015 年最受雇主欢迎、最炙手可热的 25 项技能，其中统计分析和数据挖掘技能位列榜首。"由此可见大数据时代对于数据人才的需求已经达到了势不可挡的状态。

　　据 CSDN（中国软件开发联盟）所提供的数据显示："32.5% 的企业正在搭建大数据分享平台；29.5% 的企业已经在生产运营的过程中实践了大数据，并且已经在产品应用方面有非常成功的案例；24.5% 的企业已经在充分做足了准备的前提下，开始利用大数据研发各类项目。"

　　据全球第一家信息技术研究和分析公司 Gartner 所提供的报告显示："2015 年，全球新增 440 万个与大数据相关的工作岗位，大数据的发展也催生出了一些新的职业，如大数据分析师、首席数据官等。另外，有 25% 的组织设立首席数据官职位。"

　　以上所有这些数据都表明，当前大数据方面的复合型人才是十分稀缺和抢手的。

### 2. 数据分享的知识产权问题

　　知识产权问题是当前的一种合法的垄断权，是随着科技的不断发展而衍生出来的对知识产权的原创者的利益进行的一种有效保护。数据信息资源在进行分享和使用的时候，也应当注意数据的知识产权问题。因为这些数据信息资源往往是那些成功的竞争初始人在竞争过程中所产生的非常有借鉴和学习价值的宝贵数据信息资源。因此，在分享数据信息资源的过程中，一定要注意对这些数据的知识产权进行保护。经营者可

以事先对这些数据资源的知识产权进行深入了解，然后通过比较的方法
来确定其预期的技术开发和创新投资能够带来的经济回报，从而鼓励其
原创者将这些数据资源拿出来进行分享，来增强经营者在市场竞争中的
地位，从而更好地释放这些数据信息资源的价值和潜能。同时，经营者
在借鉴原创者的数据信息资源的时候，应当向原创者支付相应的费用作
为知识产权分享的回报。

具体如何才能在保护知识产权问题的基础上实现数据信息资源的分
享呢？

（1）完善知识知识产权制度。在当前分享经济时代，数据信息资
源的共享给人带来各种享受和利益。但是有些人缺乏知识产权的保护意
识或者知识产权的保护意识相对淡薄，这样就导致严重影响和损耗原创
者的切身利益。完善的知识产权制度会对数据信息资源的分享加一道锁，
有效保证知识产权不受侵犯，抵制不良消费者的恶性使用行为。

## 知识产权安全基础上实现数据资源分享的方法

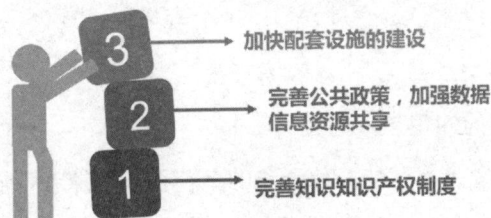

3 ——→ 加快配套设施的建设

2 ——→ 完善公共政策，加强数据
信息资源共享

1 ——→ 完善知识知识产权制度

（2）完善公共政策，加强数据信息资源共享。数据信息资源共享
是推动整个社会经济共同进步的重要途径，因此，在保护数据信息资源
的知识产权问题上，由团体和政府制定的公共政策对数据分享进行监管，
如许可证管理、税收减免等政策来保障原创人的个人利益。因此使得数

据信息资源的优化配置和数据信息资源在进行公共获取的过程中，其知识产权得到了有效保障，从而进一步加强了数据信息资源的共享。

（3）加快配套设施的建设。保障数据信息资源的知识产权还应当加快建设相关配套设施。具体实现措施有：建立行业专利、版权、商标等预警机制和数据信息资源分享平台，为公众及时获取有用的数据信息提供更多的便捷服务。另外，还应当提高技术创新的积极性，有效制约知识产权的滥用现象发生，防止不正当的竞争行为。

# 第六章

# 分享经济融入产业链：打造以分享经济为核心的产业链

分享经济是新经济的主要特征，也是重要的表现形式。大力发展分享经济对于产业链的塑造和产业链的升级具有十分重要的积极意义。分享经济的出现和兴起，使得原有产业链上的每个节点或多或少地发生了变化：原有股权结构发生了重大变化，对股权进行了重新分配；人人都能分享闲置资源，人人都能当老板；"企业＋雇员"的组织架构已经不复存在，取而代之的是"平台＋个人"的组织架构；消费者已经不再单纯地进行消费，角色进一步提升为消费商。这些都成为当前分享经济发展的核心内容。

# 6.1 重新分配股权所有

## 1. 股权从个人独享变为创业者共同享有股权

分享经济时代，带来了物品的所有权的变革，传统的私人所有变为了大家共享，从前是占有资产，而现在是使用资产。在分享经济下，最为典型的变化其实还是因所有权和使用权的分离而引起的股权重新分配以及合伙人模式。

在以往，企业的话语权、所有权都是由同一个人一股独大的，所有的决策、计划都是一个人说了算。从整体上把握，就是一个人在推着一个大品牌往前走。

然而，如今整个格局和局面发生了改变，股权进行了重新分配。基于分享经济的出现，使得资源从表面上看是实现了整合，但深挖其本质，不难看出实际上是资源的重新分配和重新利用。

根据相关数据统计，当前日本拥有 5240 多万个家庭，住宅总数大概为 6063 万套，按照每户一套来计算，闲置房屋的数量已经超过了 900 万户。闲置住宅占日本总住宅数量的 13.5%，其中被废弃不用的住宅数量达到了 300 多万套，特别是以别墅区闻名的山梨、长野和歌山县，闲置率达到了 22%、19.8%、18.1%。从这些数据来看，说明当前日本的房屋闲置率高的惊人。

再看看我国房屋的使用情况。有专业人士专门对农村的闲置房屋进行了实地调查，调查后经过总结发现情况如下：

| 村名 | 甘草掌村 | 苏家岭村 | 大掌村 | 苹路村 | 大洼村 |
|---|---|---|---|---|---|
| 闲置房占总房比率 | 31% | 38% | 44% | 12% | 31% |
| 总户数 | 105 | 210 | 35 | 316 | 135 |
| 房屋实际利用比率 | 61% | 56% | 51% | 78% | 66% |
| 迁走未拆户数 | 31 | 46 | 5 | 19 | 32 |
| 建新不拆旧户数 | 18 | 20 | 1 | 21 | 11 |

从上表中，我们不难发现，当前我国农村的闲置房现象极为严重，缓解农村闲置房现象已经刻不容缓。

农村闲置房屋造成了极大的资源浪费，然而分享经济就是有效缓解农村闲置房现象的一剂良方。将这些闲散的房屋资源重新进行整合，将其重新利用起来，增加其社会流动性让这些闲置房屋"闲不住"。借助"互联网＋"、大数据，可以将这些条件优越（包括交通便利、植物繁茂、风景优美、人文习俗优雅等）的闲置住宅在分享平台上"晒一晒"，通过对信息的"共享"式传递，为那些有度假需求、采摘需求的人连线搭桥，与闲置房屋的所有人达成交易，在你眼中闲置荒废的资源，往往在别人眼里是重金难求的高价值资源。这样，就能够各取所需，一方面闲置房屋得到了合理的利用，房屋所有者可以从中获取一定的报酬，同时还可以联合当地的自然资源优势，如开辟旅游景点、开辟果蔬采摘园等，将整个农村的经济发展都带动起来，形成一个良性循环的生态圈；另一方面，对于那些久居于喧闹城市的城里人来讲，可以摆脱城市的喧嚣，亲近清新、洁净的大自然，获得心灵的洗涤，缓解工作的压力。这种做法可谓是互利互惠。

这种基于分享经济实现的闲置资源分享，提高房屋利用率的方法，虽然看似是一种简单的资源分配，其实是解决了当前城市与农村收入不均的问题。另外，这种做法本质上是将平台的整个股权进行了重新分配，让每位闲置房的所有者都成为了整个平台上的"股东"，从而使得股权从传统酒店的一人独享转变为当前分享平台的创业者人人共享。

这种人人共享股权的商业模式是与当前国家提倡的收入分配合理相吻合的。这是因为在传统的经济模式下，人与人之间的交易是甲方对乙方的一种供需关系，一个人买，一个人卖；在分享经济下，这里的甲方和乙方都是处于动态变化的状态，随着时间和空间以及供给和需求的变化，甲方和乙方往往互换角色，进而推动了分享经济的可持续发展。

## 2. 分享经济解决合伙人难题

曾经，Uber 和 Airbnb 分别作为出行领域和住宿领域的代表，前所未有地改变了出行方式和租住方式，双双开创了分享经济的神话。如今，分享经济已经走近我们每个人的身边，也由此带来了全新合伙人的合作机制，让所有的合伙人都能够从中最大限度地获利，使得以往的利益分配不公平、不合理等难题得到了很好的解决。

我们先来看一个发生在我们身边的例子。有位开面馆的老郑，有位经常来老郑面馆吃面的小陈。老郑做的面味道非常好，因此，小陈几乎每个月都会来老郑面馆吃面。有一天老郑对小陈说："小陈，你觉得我们面馆的面好吃吗？"小陈回答："很好吃啊！我很喜欢吃。"老郑又说："那既然你觉得好吃，我现在就和你谈一个关于我和你的合作计划！你感兴趣吗？"小陈一听合作两个字，兴趣盎然地点了点头。老郑开始讲述自己规划的合作计划："作为合伙人，有以下几点：

1. 你还一如以前一样来我的店吃面，你以前吃面都不打折，但是从今天我正式邀请你成为我老郑的合伙人开始，你每次吃面都可以享受七折优惠。

2. 如果你的朋友问你哪里的面好吃，你一定记得向他们推荐'老郑面馆'，如果他们来吃面，并报你小陈的名字，我给他们也打七折。

3. 前来吃面并报你名字的人，每吃一碗，我就奖励你 1 元，他们再推荐朋友来吃，每一碗我奖励你 0.5 元。"

小陈欣然答应了。等到一个月之后，在小陈的推荐下，老郑生意火爆，一共卖出了 2000 碗面，小陈获得了 1800 元奖励。小陈觉得这样的合伙机制很不错，又能享受打折优惠，还能从中赚取外快。过段时间，小陈忙于考试复习，也没时间给老郑介绍朋友过来。有一天，老郑给小陈 6000 元，小陈觉得很诧异，坚决不收，老郑说："幸亏你给介绍朋友过来，现在生意这么好，这是你应得的。"小陈竟然激动地说不出话来，自此之后，老郑和小陈就开始长久合作下去。

这个发生在我们身边的例子实际上就是一种分享经济模式，小陈把自己的人脉资源，或者说是人力资源分享给老郑，老郑生意自然兴隆，然后老郑又以抽成的方式拿出一部分作为小陈的回报。而且老郑的合伙人并不只有小陈一个，所有与老郑合伙的人都能够将自己的人力资源分享给老郑，赚取相应的外快。这其实就是一种很好地实现互利共赢的合作模式。

维书会（图书解读互联网分享平台）就是采用这样的模式快速发展起来的。每一个付费的会员，都可以通过平台获得一个专属于自己的"全民阅读推广大使二维码"，会员通过在自己的社交圈分享这个二维码，把这个读书平台分享给身边的朋友，自己就可以延长会期或分享平台利益，成为平台的合伙人。分享经济模式中，让客户参与到你的生意中来，把客户发展成平台的合伙人，客户把自己社群资源分享给平台，平台把利益分享给客户，这种双向分享模式，是分享经济快速发展的重要途径。

对于创业者来讲，分享经济同样适用。像闲置的私家车、闲置房间、闲置时间、技术、智慧、经验、人力资源等，都可以拿出来与他人进行分享。如今，初创企业寻找能够与自己志同道合、又能有相应的技术、资金、经验等拿出来进行分享的人进行合伙发展，已经取代了传统的雇佣关系、全职制度等，这样可以通过将自己的资源拿出来分享的方式来帮助创业者更加快速、更加高效地解决问题，这种方式比独自拼搏要轻松得多。

拿智力众筹来讲，智力众筹作为众筹模式中的一种，是在股权众筹、债券众筹、回报众筹、捐赠众筹之外兴起的一种新兴众筹模式。股权众筹简单来讲就是"我给你钱，你给我公司股份"，那么套用同一"公式"，智力众筹就是"我帮你解决创业难题，你给我公司可回购的股份"。通过智力众筹模式，那些"身怀绝技和智慧"的人才通过分享自己的技术与智慧，帮助初创企业解决创业难题，并从初创企业获取可回购的股份。这样，初创企业就可以通过股份来捆绑对方，从而让对方与企业自身的利益、目标达到一致，从而用这种良性的合作关系来取代传统的雇佣关系，这种做法更加有利于初创企业的快速发展。另外，初创企业可以不用支付高额的费用专门聘请高级人才，任何有能力、有智慧的人都可以前来参加共享，通过这种简单的方式就可以使得企业问题得到有效的解决，在很大程度上降低了成本，同时也能够更加轻松、容易地筹得项目发展需要的智力型、技术型人才。

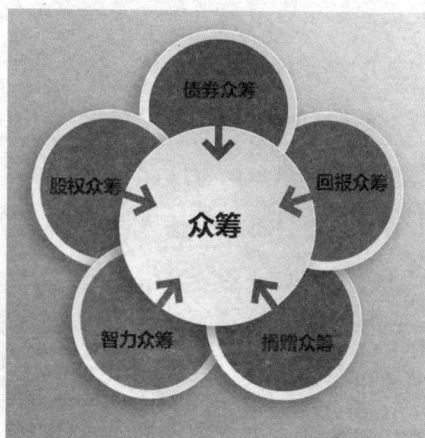

智筹网就是互联网高级人才的一站式直租平台，是以人才直租模式，帮助创业团队对接外部合伙人，并对合作过程全程监理，从而最大限度地保障个人的基本权益。对那些特殊、优质的解决方案提供者给予一定的回购股权奖励。也正是因此，不但解决了初创企业聘用高管的痛点，还吸引了广大的互联网高级人才将其专业技能在闲暇时间能够实现变现。

小军，3 年前创业，做过早餐铺子，也做过微商，但是都最终以失败告终，先后亏损十几万。虽然充分体验到了创业的艰辛，但是他依然不愿意重新回到职场。正当他感到迷茫的时候，对互联网有着敏感嗅觉的他，接触到人才直租模式后，突然感觉自己的创业前景"柳暗花明"，可以用自己的专业技能出租给有需求的初创团队。他已经兼任了 3 支初创团队的长期技术顾问和外部合伙人，每月固定收入 6 万元以上。除此以外，他还利用闲暇时间接了短期的 ios 开发任务，获得了 8 万元现金和 4 万元可回购股份。

以上案例更加印证了分享经济的一个最大特征就是需求和供应本身都是存在的，只是需要第三方搭建平台，为合伙人和初创企业的信息提供一个对接和高效匹配的平台，而这个智力众筹就是一个很好的平台。创业者可以将其遇到的所有问题通过平台发布，所有的这些问题都会通过平台募得的智慧型人才来进行高效匹配，如果双方都对企业所面临的问题表示感兴趣，那么这个外部的合伙人就会通过平台签署三方协议，之后才会保证协议生效。这种平台分享模式还会为合作双方提供包括交易担保、第三方监管等多方面的安全保护，从而保证双方在进行合作的时候没有任何后顾之忧。

由此可见，智力众筹实际上是分享经济中对人力资源进行分享的最佳方式。通过这种众筹的方式，让更多的有能力、智力、技术、经验、才华的人参与进来，与初创企业进行联手合作，形成合伙人关系，进而有效解决初创企业在发展中所遇到的问题，从而最大限度地推进初创企业的成长和发展。同时也通过一些回报分享机制有效解决了合伙人的难题，从而使得当前的合伙人模式在分享经济下更加能够绽放璀璨的光芒。

# 6.2 分享闲置资源，人人都能当老板

利用闲置资源、过剩产能、建立分享平台、人人参与，这是分享经济的三个要素。当前，移动互联网的到来，使得移动端唾手可得，人人分享的经济时代已经来临，并影响着我们每一个人。

人人分享将作为单个个体的人和企业的最佳能力进行了全面的整合，其本质是将每个利益相关的人所拥有的资源进行高效利用。在今天这个资源稀缺的年代，人人分享可以最大限度地创造出更加繁荣富足的社会经济，可以说人人分享重新书写了价值创造的法则。我们通过利用已有的闲置资源，包括有形资产，如汽车、房屋、设备等，以及无形资产，如经验、网络、数据、流程、技术等，可以实现经济指数的不断增长。在这个人人分享，人人推动经济增长的时代，每个人都可以通过分享自己手中所拥有的闲置资源当老板，进而创造财富。

全球在 Uber 和 Airbnb、滴滴的引领下，各种分享层出不穷，住房分享、出行分享、技能分享、智慧分享、服务分享等，已经充斥着这个分享经济时代。然而，越来越多领域可以被分享的同时，也衍生出了一个新兴的群体，即"自由服务者"。他们已经成为当前分享经济发展的主导力量，他们通过分享自己的闲置资源，可以兜售自己私人物品的使用权，并且可以无限次地循环兜售，并从中盈利。因此，从某种意义上，是分享经济成就了大众的创业梦，在分享经济下，人人都可以通过分享

经济赚钱，人人可以通过分享闲置资源当老板。

　　国内最大的互联网家装资源分享平台谷居，看到了当前分享经济模式已经走在了经济发展的最前端。在 2012—2015 年来，通过大数据＋工具为用户提供一站式服务，谷居已经成为首家将虚拟现实系统应用于家装领域的互联网企业，并且还开创了全新的设计体验，提高了服务效率和服务标准。通过升级服务效率和服务标准，有效解决了行业已经存在的痛点，谷居一跃而起，成为了互联网家装领域的领头羊。但是，这仅仅是谷居的一个起点。在 2016 年，谷居进行机制创新，开放"消费合伙人"计划，启动百城百人招募行动，从而向分享经济迈进。

　　谷居的这种招募方式让装修需求方和资源拥有方，通过资源共享，不仅能够让自己以及身边的人轻松享受互联网家装服务，还能够在装修基金、业务分成等方面获得相应的收益。其中分享的主体是个人，提倡消费者即是投资者，投资者同时也是消费者。

　　谷居的这种分享经济模式使得每个个体既是消费者，同时也是投资者，享有多种形式的收益，这种模式下，使得凡是参与投资的个体实际上在本质上是肩负老板的角色。只是很多时候，人们没有意识到自己其实也变相地成为了企业家。通过将自己的资源分享出去，并换来相应的回报，其实就是自己在为自己工作，从这个角度上来讲，分享经济下，人人都是老板。

在分享经济下，所有的付出都会获得相应的回报，即便换回来的不是金钱回报，也会换来无形资产的回报。在互联网时代的分享经济下，一个人可以通过分享自己的闲置资源而成为老板。以往大量被各种条件所局限和束缚的人，都可以在互联网时代通过分享经济实现独立和解放，从而使自己做老板的能力越来越强。

# 6.3 "公司 + 雇员" 经济架构或将消失

长期以来，"公司 + 雇员" 这种历经 200 多年的模式一直是企业形成的基本经济主体。但是进入到 21 世纪的今天，这种 "公司 + 雇员" 的模式已经逐渐受到分享经济以 "平台 + 个人" 模式的挤压，而逐渐从旧的经济模式中解放出来。换句话说，在分享经济下，"互联网分享平台 + 海量个人" 已经成为我们这个时代的一种全新的经济架构，一场 "去公司化、去雇员化" 的商业运动正在兴起。随着分享经济的发展 "平台 + 个人" 这一经济结构的不断扩张，会由此而带来各领域更加深入的变革。

在这种 "平台 + 个人" 的经济架构下，企业往昔在雇员心中的位置受到了强烈的冲击，同时雇员的概念也逐渐在淡化，进而转变为通过分享自己的有形资源和无形资源，成为服务于客户的群体，进而成为了 "老板"。

通常，经济组织的组织方式存在三种形态。"公司" 是作为一个看得见的科层制，需要付出很多的内部管理成本。"市场" 是一种借助于看不见的价格机制，需要付出外部交易成本。很多时候往往还存在 "中间组织"。但是无论如何，企业和市场在经济中所占的比重是不可改变的。

但是在分享经济下，互联网让各行各业的企业和雇员的边界越来越模糊，一方面，很多企业正在将自己的商业流程逐渐向市场外部延伸，众包已经成为当前一种解决信息不对称的重要方式，从而使得信息不对称重新找到了匹配点，同时又催生了具有大量人力资源的中间服务商；另一方面，雇员开始逐渐向自主、自发、快速聚散的方向发展，很多雇员从以往那种在束缚中服务于消费者的角色转变为凭借爱好、兴趣、资源过剩，展开了分享、合作乃至集体行动的企业家。这样，那种传统的组织架构下的"公司"在经济中的主导地位就逐渐下降。与此同时，那种从"雇员"转变而来的"自组织者"开始以自由组织方式、柔性化地展开各种社会协作，并且逐渐成为一种代表主流经济的组织方式。

在当下"自组织者"不断出现并占领市场的情况下，如果一个企业还能够以"公司"来命名的话，那么它必定是将整个"自组织者"组成的团队当做一个庞大的智能分享团，一切计划和策略的实施，都需要经过集体智慧的分享来实现。比如一个企业的创新产品广告，其精美、严谨、科学的广告版面和内容，必定是通过每个参与者共同分享自己的聪明才智、通过大家集思广益才最终定稿的。

社会性依然是每个人的基本属性，但是每个人自我能力的分享和自我价值的分享，是受到归属感和认同感的牵引才得以实现的。因此在分享经济下，"公司＋雇员"模式要想能够存活，就必须寻找或建立一个能够将每个人的愿望、需求等连接起来的平台，即便企业没有一个雇员，也可以通过平台吸引越来越多的人加入，把有相同分享愿望的人的资源整合起来，再通过平台分享出去，为消费者提供更好的产品（服务）和体验。这便是"公司＋雇员"的颠覆创新，即"平台＋个人"架构。

　　全球最大的出租车公司 Uber 虽然没有一个司机作为自己的"雇员"，但是那些对个人闲置汽车有着共同出租愿望的人聚集到一起，并且愿意将自己的闲置汽车资源分享出去，这样就逐渐形成了一个"出租车分享平台"，并且聚集的单个个体越来越多。全球最大的住宿服务提供商 Airbnb，虽然没有任何房产和任何服务生作为雇员，但是那些有闲置房屋并且想将其充分利用起来的人共同聚集到一个平台上，每个人都愿意将其房间拿出来分享，为租客提供优质的服务体验。这就是"平台＋个人"经济架构。当前，类似于 Uber 和 Airbnb 的这种"平台＋个人"的经济架构模式越来越多，像淘宝＋：海量个人网店＋海量买家；苹果＋：海量 App 开发者＋海量用户；谷歌＋：海量信息＋海量用户；腾讯＋：海量开发者＋海量用户；滴滴＋：众多司机＋海量乘客；海尔＋：2000多个自主经营；韩都衣舍＋：100 多个买手小组；蚂蚁金服＋：金融机构＋金融消费者……

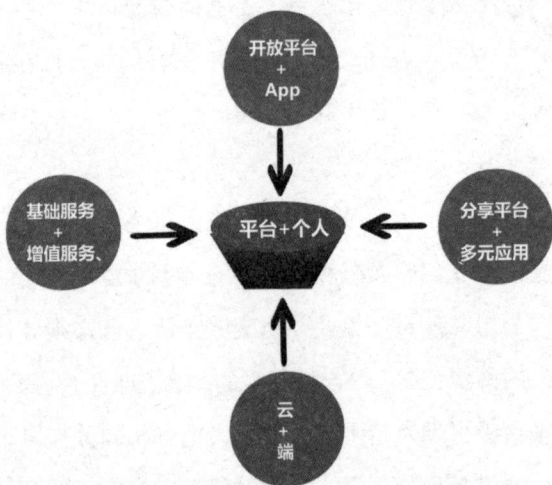

　　从以上这些"平台＋个人"的例子中，我们不难发现，在分享经济下，企业都面临着纵向控制和横向协同的问题，换句话说，就是对股权

进行重新分配。这一点也是我们前边所讲过的。

分享经济下，个人必将替代公司，成为越来越重要的经济主体，进而使得"平台＋个人"逐渐取代"公司＋雇员"，这必然成为一种趋势。

# 6.4 消费者上升为消费商

眼下，分享经济为代表的生产技术正在颠覆传统的经济领域，并由此引发一场全新的"消费关系"大解放，使得经济发展进入了一个崭新的时代，传统的消费理论已经被重新定义，使得众人创富，形成了财富的合理分配格局。

在当前互联网突飞猛进的信息时代，消费者成为了企业竞争的核心，那么作为一个有眼光、有潜力的领袖消费者，就需要具备将自己周围的拥有充分闲置资源的人组织和利用起来，并带领大家共同参与资源分享，并且与生产商共享财富分配的能力。作为领袖消费者，在整个分享过程中，起到了组织和管理消费者的作用，并在其中付出了劳动，同时也因此而获得了相应的收益，这种商业行为下的领袖消费者其实也在充当一种商人的角色，使得传统的消费者逐渐上升为一种全新的角色担当，即消费商。

那么究竟什么是消费商呢？从概念上理解，消费商就是以经营消费者和消费群为主的商业人士。换句话说，这里的消费商实际上既是消费者也是经营者。这也就意味着，传统的"品牌商"→"代理商"→"广告商"→"店铺经营者"→"消费者"的商业模式已经逐渐从历史舞台中淡化直至消失。消费者已经借助互联网思维、分享经济思维逐渐转变自己的角色，成为资源的整合者，从而找到更多优惠的消费渠道，使得原本迷茫的消费者作为了消费群体的分享者，从一种被动的单一的花钱消费变为了主动参与到商品的利润分配中的"经营者"。

国内知名的读书分享平台——维书会正是采用这样的模式，把消费者转变成经营者。会员可以通过这个平台学习与提升，还可以通过"参与经营"赚钱。每一个付费的会员，都可以通过平台获得一个专属于自己的"全民阅读推广大使二维码"，会员通过在自己的社交圈分享这个二维码，把这个读书平台分享给身边的朋友，自己就可以延长会期或分享平台利益，实现了"省钱＋赚钱"。这样把消费者转化为消费商，为这个"大众创业，万众创新"的时代提供了大量低门槛、无风险的创业机会。

当前，消费商已经成为全新经济时代的商业主体，并且以最快的速度影响着整个经济市场，同时消费商呈现出以下几个特点：

（1）消费商是一种为大众提供"省钱＋赚钱"机会的领导者。

（2）消费商成为了销售的关键主体，使得其经营优于传统的店铺经营，是新时代的一种创新经营方式。

（3）消费商可以是领袖消费者的第一职业，也可以将其作为副业赚取外快。

在这个消费者为主体的时代，作为一个消费商，应当如何积极参与财富的分配呢？

在传统的思维下，毫无疑问，产品的生产者是赚钱的人，而消费者则是花钱的人。每个消费者往往只将注意力集中在如何才能用最少的钱买到自己的所需品，但是很少关注如何去变相地赚钱，因此他们往往追求的是更多的折扣，而那些大型的商超往往抓住消费者的这种心理通过折扣、买赠等方式吸引消费者。但是即便是使用折扣，也并没有给我们带来创收，我们依然还是个典型的"花钱者"。因此，要想作为消费商来积极参与财富分配，就应当按照以下几步进行：

**第一步，转换思维，发掘分享渠道**

如果能够将自己的思维进行转换，就会发现，其实每个人都是一条渠道。因此，我们首先要做的就是改变传统的思维模式，要进行思维创新，挖掘身边的每一个人，并将其作为分享渠道。

**第二步，与生产商建立合作关系**

你需要做的就是与一家生产商建立合作关系。在寻找生产商的过程中，一定要以身边每个人的利益出发，寻找那些具有发展潜力的生产商，并与其建立长期的合作关系。

**第三步，借助逆向思维，分享赚钱机会**

每一个消费者都拥有强大的人力资源和充裕的时间资源。因此可以借助逆向思维模式，不从产品出发，而是从消费者出发，投资一定的时间向不同的人分享这条能够在花钱的同时还能够赚钱的机会，将广大的消费者升级为消费商。

### 消费商积极参与财富分配的步骤

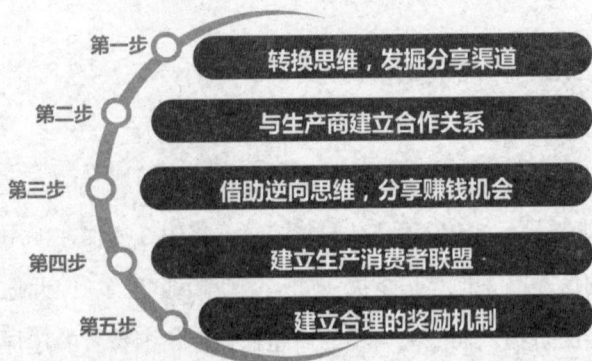

第一步　转换思维，发掘分享渠道

第二步　与生产商建立合作关系

第三步　借助逆向思维，分享赚钱机会

第四步　建立生产消费者联盟

第五步　建立合理的奖励机制

### 第四步，建立生产消费者联盟

消费商其本质上就是生产消费者，即既是生产商，又是消费商。因此，在吸引广大消费者参与到其中，建立一个生产消费者联盟，建立起一个自用消费型组织，使消费者定向流动到生产商，这样就逐渐建立起了一个由终端消费者组成的商品流通渠道。

### 第五步，建立合理的奖励机制

商品在消费者渠道流动的效果与产品在传统渠道流动的效果相比较，是使得生产商获利的机会和空间更大。通常情况下，消费商在整个产品流通的过程中，参与了 70% 左右的财富分配。使得生产商可以将节省出来的时间用于产品的创新以及全新渠道的建设，并通过更加科学、合理的奖励制度，将部分利润返还给消费商。

其实，将消费者升级为消费商，在前边讲到的我们身边的案例——老郑与小陈的合作模式，在这里也可以作为一个典型的案例进行参考和借鉴。

分享经济下，在消费商的引导下，这种全新的财富分配模式，使得无论是消费商还是生产商都能够从中获利，实现共赢。同时消费商还扮演着双重的身份，一边是消费者，一边又是生产者，通过帮助其他消费者转变传统的购物理念和购物习惯，组织消费者进行消费的同时还创造出了更多的财富。

# 第七章

# 运营要务：分享经济高效运营的八大攻略

从整个社会层面来看，分享经济无疑是一种更加有效的资源配置方式。从保障用户体验来讲，最好是用户密度和资源密度的匹配成功需要达到一定比例之上。作为传统企业，在向分享经济型企业转型的过程中，选择适当的策略是保证企业迈向分享经济并且能够实现高效运营的关键。通常，传统企业在向分享经济型企业转型的过程中，需要具备八大攻略，方能快速实现转型升级，这也是分享经济型企业运营的八大要务所在。

# 7.1 挖掘优质价廉的分享资源

　　分享经济的本质就是最大限度地利用闲置、闲散资源，让其最大限度地发挥其应有的价值，从而将这些价值转化为资源所有者和使用者所获得的收益。当前，借助互联网、移动互联网技术将社会中闲置资源的潜在价值挖掘出来，这是实现分享经济的需求。

　　分享经济的拥护者认为，像 Uber、Airbnb、Homejoy 这些知名的分享经济型企业，通过将人们闲置的物品利用起来，从而将更多人手中的便捷、廉价、优质的服务拿出来与他人进行分享，同时也解放了这些拥有者的资源闲置、空间短缺的负担。因此，挖掘优质廉价的分享资源是实现分享经济高效运营的关键和重点。

## 1. 挖掘闲置生产力资源

　　现阶段，产能过剩已经成为了一个严重阻碍经济发展的问题，要坚持化解产能过剩所带来的矛盾，从而实现眼前利益和长远利益的共存，有效抑制盲目生产的扩张。在去产能化的过程中，一方面要使得过剩产能能够得到合理的利用，另一方面还要保证当前市场中的供需平衡。在这种看似处于矛盾的局面中，分享经济将在其中起到重要的作用。利用分享经济模式可以对闲置的优质、廉价生产力进行挖掘和利用，从而保证在降低产能的同时，还不会给市场的供给带来影响。

例如在交通领域，如果按照传统的思路来解决交通拥堵问题的话，往往是采用大兴土木的方式来拓宽道路、兴建地铁、搭建高架桥等措施来缓解，按照这种思维进行操作，势必带来产能的扩大，进而造成产能过剩的可能。然而在分享经济模式下，这种思维模式将得到彻底的颠覆，像 Uber、滴滴出行等打车软件的出现将完全从车辆方面入手，充分利用每一辆汽车的闲置座位，这样做直接、有效地减少了产能的增加，避免产能过剩的同时也给其他方面带来了不少好处：对于乘客而言，可以在出行的过程中获得更加便利、通畅的出行体验；对于车辆拥有者而言，可以将自己的闲置空座资源充分地利用起来，让这些座位使用者拿出部分资金作为回报，从而部分解决了车辆拥有者的燃油费问题，也赚取了额外的回报；对于市政交通来讲，出行方式的便捷和汽车资源的合理利用，使得私家车减少，这样就能够有效地缓解交通堵塞问题和环境污染问题，真正实现了"绿色出行"。

## 挖掘优质价廉的分享资源

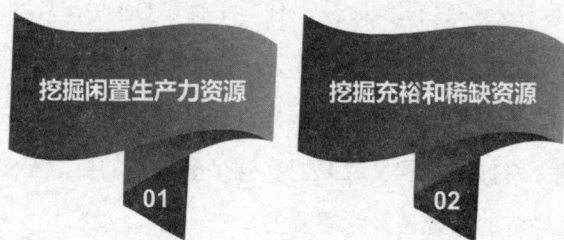

挖掘闲置生产力资源
01

挖掘充裕和稀缺资源
02

### 2. 挖掘充裕和稀缺资源

分享经济进行分享的都是闲置、碎片化资源、盈余资源，这也就意味着，要想实现分享经济，首要的一步就是挖掘资源。通常挖掘的资源具备以下几个特点：

（1）充裕性。只有资源充裕，才能有产生闲置的可能，进而才有人愿意拿出来将其与他人分享的可能。

阿里巴巴旗下有一个闲置资源交易平台，名为"闲鱼"。会员只要在淘宝或者支付宝账户登录，不需要经过其他复杂的流程，就可以自主手机拍照上传二手闲置物品、进行二手物品在线交易等。闲鱼有三个最大的优势就是个人卖家能够通过闲鱼 App 提升自己的曝光度、拥有更加高效的流通路径、更具优势的物流价格，在这三个优势的基础上，使得那些充裕的闲置资源能够以最快的速度流通到天南海北的新主人手中。2016 年 5 月 18 日，闲鱼与阿里巴巴旗下的另一个业务平台"拍卖"合并。二者联合，将为分享经济的业务形态提供更多的发展契机。

（2）稀缺性。有些资源对于群体来说是过剩的、闲置的，对于另一个群体来说可能恰恰是稀缺的、有用的。同时两个群体之间的信息不对称，无法及时地实现供需匹配。

（3）标准化。能够将充足又带有一定稀缺性特点的资源作为切入点，可以帮助企业进行创新项目的研发，但如果想让这个项目做大做强，这就对资源提出了另外一个要求，即标准化程度要足够的高，或者能够在现有的基础上将标准化程度提高。在这个基础上的资源必定是优质资源，对于分享经济的实现是极为重要的。

总之，资源本身是存在一定的价值的，而且这些价值是可以被挖掘的。只要资源具备了"廉价"和"优质"的特点，就能够吸引人们分享，只有这样才能有效化解市场需求与供给难以匹配的痛点，有效降低成本，保证双方都能够在资源分享的过程中获利。

另外，为了能够吸引消费者，那些拥有廉价优质资源的人会尽可能地提升服务标准，扩大服务范围，在时间的选择上也将变得更加灵活，并且将价格也定在一个让消费者能够乐于接受的范围内，较市场价格更加有优势，在加上通过平台渠道实现分享，本身花费的时间成本和资金成本很低，这样就会使得分享经济往良性、可持续性方向发展，资源供给方和资源需求方将在这个分享经济平台上获得更多的利益。

# 7.2 省去中间环节，最简单的即是最好的

高效率、高准确性和低成本，是分享经济的魅力之所在。分享经济之所以具有这样的魅力，是因为它在供需双方之间，尽可能省去了中间环节。于是分享经济具有了以下几个优势：

（1）省去了中间环节，供需双方的信息完全对称和透明，供需匹配没有中间环节，效率更高；

（2）省去了中间环节（比如传统模式中的代理商、批发商、零售商），大大降低了交易的渠道成本；

（3）省去了中间环节，供给方与需求方直接面对面，供给方能够直接和快速地收集到消费者的意见反馈，有利于快速地改进产品和服务，准确满足消费者的需求。而传统模式中间由于存在着代理商、批发商、零售商等中间环节，让供给方不能快速掌握消费者的信息，甚至根本不知道自己的消费者是谁。

搭建O2O分享平台，是剪断中间环节的最好办法。O2O即线上到线下的商业模式，在这个线上到线下的平台两端，一边是连着供应商，一边是连着消费者，实现了商品从供应商直达消费者。在这个过程中省去传统渠道的层层中间环节，可以使供应商和消费者之间进行直接对话，更加有助于从中发现社会闲置资源，有效减少了因中间环节而产生的不必要的成本。因此，这种分享经济模式无论是对于供应商还是消费者来

讲，都是一种最大限度获取赢利的方式。

去掉中间环节之后，企业的营销目标就可以直接通过用户来实现。这种互联网时代的分享经济模式与传统运营模式相比，能够通过引导，让用户免费为自己做广告、做宣传，赢得良好口碑和企业形象，这是当前企业运营在分享经济模式下的一大亮点。

在移动互联网时代，一切信息都是透明化、网络化的，这样人们可以足不出户就能够尽知天下事、淘得天下宝。互联网时代，人们在衣食住行的消费方式上都发生了翻天覆地的变化，省去中间环节成为了这种分享式经济模式的重点。以京东为例，京东作为一家线上平台，除了销售第三方电商的商品之外，还经营自营产品，实际上这种自营产品的运营模式就具有当前风靡全球的分享经济基因。

最为典型的例子就是口碑街。口碑街是一个以移动和社交作为基础的全新推广平台。商家在口碑街平台上发布广告，用户可以领取并在自己的社交网络中将这些广告分享、扩散，并按照最终的分享效果获取相应的回报。通过这种去中介化、去广告化、去碎片化的模式，来发动大众通过口口相传的方式将广告工作众包出去，这种方式的传播速度是非常快速的，获得的结果也比传统的广告宣传的方式更好。这种口碑宣传广告分享模式较传统广告宣传模式，也节省了不少的中间广告费用成本。并且口碑街的这种分享模式让广告直达每位用户，使得整个环节变得更加简单化。

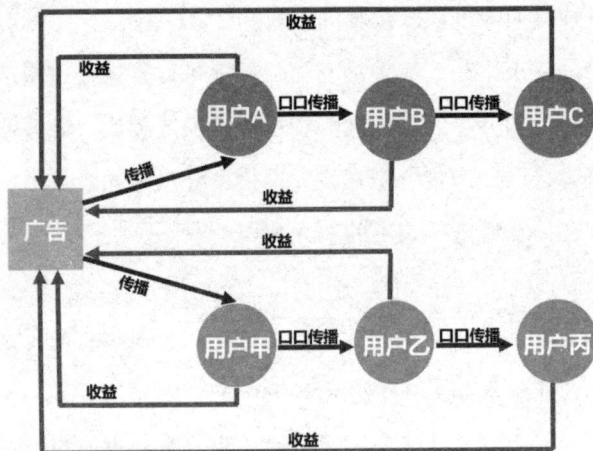

通过口碑街的分享模式，我们看到，O2O 实际上是对传统经济模式的一种革新，是通过去中介化，实现整体经济高效运营的一种全新分享模式。但是，值得注意的是，要想通过这种平台方式让更多的人主动地、自愿地去分享广告信息，那么广告内容应注意以下两点：

### 1. 广告内容丰富新颖

只有内容、版面等能够吸引人，才能让大家对其有所关注，才能进一步激发用户主动分享的意愿，因此，广告内容的丰富性和新颖的特点是赢得大家主动分享的动力。

### 2. 鼓励用户反馈体验信息

在去掉中间环节之后，企业与用户的沟通更加便捷和顺畅，因此，企业应当鼓励用户及时将体验信息进行反馈，这样可以帮助企业更好地知道自己产品的不足，进而制定精准的改进策略。具体的鼓励措施可以是评价即获红包奖励等。

# 7.3 利用协同消费获得新客户

分享经济的不断发展，对于传统经济而言已经成为了一种威胁。在这种情况下，传统经济正在不断地萎缩，整个市场处于窘境当中。互联网的出现将人与人之间的分享过程简化。分享经济不但可以有效降低成本、最大限度地增加利润，而且还可以提升其自我环保意识。因此，可以说互联网为分享经济的发展打开了一扇窗。随着社交媒体的发展，人与人之间展开的点对点的物品分享活动也越来越频繁。这就使得这些基于租赁、使用或者互相交换物品或服务的合作推动了协同消费的发展，可以说协同消费是一种实现合作或互利消费的经济模式。通过协同消费获取越来越多的客户，这也正是实现分享经济高效运营的一条重要途径。

对于企业来讲，分享经济作为一种新生商业模式，应当多加认识和管理，从而在这一日益增长的经济领域中创造更多的收入。因此，企业应当利用协同消费从以下几个方面作为切入点最大限度地获得新客户，从而实现分享经济的高效运用。

## 1. 从销售产品转为销售使用权

传统商业中唯一的一条获利途径就是通过大量销售产品来实现。然而进入分享经济时代，这种方法有了很大的转变，分享经济淡化了销售环节，更加注重的是产品的使用权，即"不求拥有，但求使用"。因此，企业应当将眼光放得更加长远些，从根本上打破现有的营销理念，去寻找和开发全新的营收渠道。

知名汽车厂商戴姆勒就是一家典型的从传统企业向分享经济型企业转型的企业。戴姆勒与 Europcar 共同出资创办了名为 Car2go 的租赁业务，凭借这一业务，车主可以在除了固定停车区域的任何地方停车，像住宅区、办公地点附近、公共停车场等。也正是基于这项业务，使得车主不再为停车地点的局限性而烦恼，如今已经有超过 60 万客户在享受着 Car2go 租赁业务所带来的前所未有的便捷和便利。

## 2. 支持客户转售产品

客户一方面是商家的消费者、粉丝，另一方面也可以将其进行角色转换，使其成为消费商。通过利用客户广泛的人脉关系等，使其成为那些迷茫消费者群体的意见领袖，让客户帮助企业转售产品，并且参与到商品的利润分配中去。

消费商可以说是一个先进的商业主体，作为这个全新的商业主体来讲，具有以下几个方面的独特之处：

（1）消费商给予别人的不仅仅是产品，同时也是一种共同致富的机会。

（2）消费商主导的是"花本来该花的钱，赚本来赚不到的钱"，这是一种全新的利润分配规则和方式。

（3）消费商无需投入大量资金，不需要给员工开支、无需管理员工，因为消费商本身就没有员工，因此，可以说消费商是一个零风险的商业主体。

（4）消费商可以是第一职业，也可以是兼职从商，对于个人时间的支配是非常灵活的。

## 利用协同消费获得新客户的方法

01 从销售产品转为销售使用权

02 支持客户转售产品

03 利用闲置资源和技能

全球最大的家具家居用品商家宜家在 2010 年推出了一个可供买家转售宜家商品的在线分享平台，凡是宜家会员都可以免费在该平台上发布和出售自己闲置的二手商品。从表面上看，这种平台模式对于宜家的利益增长并无关系，更被人认为是一种二手产品对新型产品销量的一种蚕食。但是，实际上恰恰相反。宜家推出的这种转售商品在线分享平台实际上是在为宜家带来多重优势，即对宜家的商品进行"再调配"和"大众分享"，这是与宜家一直以来倡导环保的理念相吻合的，这使得那些关注于环保事业的消费者逐渐成为了宜家的忠实粉丝。另外，宜家的这一举措也为其自身创造了更加宽广的市场空间，并非是他人所认为的对新型产品销量的蚕食，因为将二手闲置商品转售出去之后，就为消费者家中腾出了空间，只有这样才会增加那些消费者去添置新宜家产品的可能，为宜家获取更多利润提供了可能。

### 3. 利用闲置资源和技能

分享现有资源和技能是借助分享经济实现获利的另外一条途径。很多时候，即便是花费巨资，也不一定能够买到自己想拥有的某些稀有资源，但是分享经济就可以通过对闲置资源和技能的分享来满足用户的需求。

被称为"办公空间 Airbnb"的 LiquidSpace 就借鉴 Airbnb 的分享模式，将协同消费带入了办公场所。LiquidSpace 可以根据不同租赁者提出的对于空间的不同需求来为其不同的办公场所和会议室，从而最大限度地满足每个租赁者需求。这种为临时有办公需求的公司提供闲置办公空间，也是一种典型的通过协同消费而尽可能多地获得新客户的方法。

总之，在分享经济时代，企业进行高效运营，基于协同消费是一种最大限度获得新客户的有效途径，无论是从销售产品转为销售使用权、支持客户转售产品、利用闲置资源和技能，都是非常不错的方法。

# 7.4 用分享式经济思维做平台

"互联网+"时代，市场需求逐渐趋于向碎片化、多样化、长尾化、个性化的方向转变，这种情况下就要求企业对于市场进行重新审视和定位：是否应该围绕用户搭建属于自己的新场景？是否创新出了能够满足场景需求的新产品？

然而随着互联网的开放程度越来越大，加之共享思维的推动，使得越来越多的企业用分享式经济思维围绕用户需求来搭建运营平台，从而实现企业分享经济模式的高速运营。

在分享经济下，搭建分享平台所采用的分享经济思维有以下几种：

## 1. 用户思维

如今，商业竞争是围绕用户体验展开的场景化战争。用户思维是企业搭建平台的核心，只有围绕用户进行的营销活动才能够从根本上获得竞争优势，进而占领市场份额。所谓用户思维就是一切以用户为中心，想用户所想，急用户所急，通过为用户提供良好的产品和服务体验，来最大限度地满足用户需求，从而让其对商家产生黏性，使得商家能够从中赚取更多的利益。用户思维又分为两种：一种是体验至上的用户思维，另一种是精准营销的用户思维。

（1）体验至上的用户思维。当前是一个用户至上的时代，在互联网与信息技术不断发展的情况下，用户已经成为了当之无愧的"上帝"。

对于那些分享平台来讲，只有"上帝"获得了极致的用户体验，才能够为平台带来更大的利益价值，如果分享平台没有用户做盈利的基石，就不会有平台的未来前景。

（2）精准营销的用户思维。如今，"满足用户需求、一切为了用户"已经成为企业运营的核心目标，而企业要做的就是最大限度地主动去挖掘用户，而不是像传统思维那样被动地获得用户。当前，全球人口总数已经超过70亿人，这一庞大的人口规模中同时也隐含了巨大的闲置资源和多样复杂的用户需求所产生的不可估量的商机，如果能够从中挖掘出更多的目标用户，那么企业所获得的利益也是非常惊人的。

挖掘目标用户的方法有两种：

①构建用户画像。构建用户画像首先得收集大量用户的个人信息，包括购物习惯、购物爱好等消费行为，从而对收集而来的数据信息进行分析，用这些数据对用户进行精准描述，通过所描述的特点和特征为用户进行画像，然后对其进行细分，为实现精准营销打下坚实的基础。

②构建使用场景。使用场景有很多，如大型商超、电子商城等，都可以作为分享平台，让更多的用户使用，并从中获利。场景的多元化使得用户在满足需求的过程中可以有多种场景去选择，进而与用户需求多样化进行匹配，最终实现精准营销的目的。

## 用户思维的类型

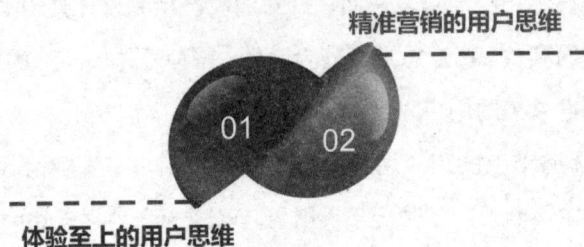

精准营销的用户思维

01    02

体验至上的用户思维

## 2.资源整合思维

分享经济的本质就是将闲置资源进行整合，而资源整合思维是分享经济重要的思维模式之一。通过对市场中相对过剩的物品和服务进行收集和整合，从而与需求方进行匹配，使得资源得到了优化，进而创造出更大的价值。可以说只有将闲置资源进行整合，才能使这些资源通过分享平台发挥出其应有的经济价值优势。

JDtask是一家专注于整合服务资源的分享平台，通过发布任务来寻找当地的弱电行业的工作人员，雇佣有经验和能力的弱电行业人员配合工作。JDtask这种资源整合思维模式下的分享平台的搭建不但降低了企业的成本，而且弱电行业人员也能从中获得相应的回报。也正是基于这一点，才使得JDtask在同行业中成为优秀的后起之秀。

另外，资源整合思维下搭建的分享平台可以有效弥补企业短板。当前这个时代是越来越注重资源整合的时代，企业不但要维护自己的核心资源，还应当善于对外围资源进行整合。只有这样，在使用"内力"的同时借助"外力"，才能有效避免企业在运营过程中出现的"心有余而力不足"的问题。因此，在资源整合思维模式下搭建分享平台，要充分利用自身资源优势，也要充分整合一切可以利用的外部资源优势，才能弥补自身在发展过程中的短板，从而最大限度地发挥资源优势，进而保证在竞争激烈的市场中能够长足发展。

## 3.痛点思维

随着社会生产力的不断发展和壮大，消费者对于物质和服务方面的需求也更加趋于多样化。但多样化的需求往往很难得到全面的满足，因此建立在这些痛点基础上的产品和服务往往是最能够深入消费者内心，也是最能够打动消费者的。企业如果能够得心应手地应用痛点思维来搭建分享平台，并为消费者提供更加有效地解决痛点的方案和策略，那么离在同行业中成为"独角兽"企业就不远了。

### 4. 品牌思维

提及品牌，就不得不想到品牌是产品和企业能够提升影响力的招牌。企业有了自己的品牌，在面向社会进行推广的时候才能更加旗帜鲜明地被人识别和记住。品牌令消费者更愿意体验企业的产品和服务，也能提升企业的产量和销量，保持企业产品的不断生产、宣传、销售等，并形成一个良性循环，最终使得品牌的形象更加高大，令企业的品牌之路越走越宽广。因此，建立在品牌思维模式上的分享平台的搭建才更有意义。

唯品会是一家专门做特卖的网站，以更加"呆萌"的价格向广大消费者分享当前知名的"傲娇"品牌。唯品会的这种分享平台的搭建，其实也是基于品牌思维来实现的。一方面，当前很多人在购买一线大品牌的时候往往因为价格昂贵而可望不可及，唯品会正是抓住了这一点，将各大一线名品、奢侈品的积压商品整合到一起，并且采用折扣的方式销售，让所有青睐名品、奢侈品的用户能够满足其"奢侈"的需求。另一方面，唯品会也通过这种品牌思维＋折扣的方式实现了"零库存"管理，有效地解决了产能过剩的问题。

### 5. 免费思维

由于互联网极大地提高了供给效率，使得大量产品和服务的边际成本无限趋近于零，于是免费分享便成为一种可能。企业可以通过一种产品或服务来快速获得大量用户，然后再通过另一种产品或服务来获取利润。这便是免费思维带来的"羊毛出在猪身上让狗埋单"的全新的商业模式。比如百度通过提供免费的搜索服务获取大量用户，再通过广告来赚钱；腾讯通过提供免费的社交服务获取大量的用户，再通过游戏来赚钱。

总而言之，打造分享平台，必定需要思维先行，唯有找到更加适合自身的思维模式，才能熟练掌握，进而巧妙地应用于分享平台的搭建过程中，最终在独具特色的分享平台上创造出盈利奇迹。

# 7.5 用社群运营的核心理念去运营核心用户

　　传统运营的核心是关注企业的用户。而社群运营的核心理念是：每一个用户的背后，都有一个社群，也就是用户的社交圈。这个社交圈既包括其线下的朋友同事圈，也包括其线上的 QQ 好友，微信朋友圈等。社群运营的核心理念是不仅仅关注你的用户，更要关注每一个用户背后的社群，要通过现有的用户，去影响用户背后的社群，从而为企业带来更多的用户。通过社群运营的核心理念去运营核心用户，借助社群的力量，是实现分享经济高效运营的重要途径之一。

　　分享经济的核心用户就是全部贡献用户，或者是冷启动的种子用户，这些用户能够贡献出更多的有价值的资源，包括知识、技能、内容等。社群就是一个建立在资源分享基础上的分享平台。社群运营在实现分享经济高效运营的过程中体现出以下几个优势：

## 1. 成本低廉

　　社群本身是通过自发组织而结成的社会群体，因此，在"结盟"的过程中，每个人都是自发的，并不需要花费更多的时间成本去挖掘群体成员，所以说，社群运营具有成本低廉的特点。

　　举一个简单的例子。做分享经济平台，首先需要具备的就是有充足的闲散、闲置、搁置资源，如时间、知识、物品等，只有具备盈余的情况下才能够实现分享。社群正好处在干货、知识、内容都是一个资源过剩的状态。这样社群运营就为实现分享经济运营打下了良好的基础。

### 2. 建立连接

共享经济是供给方和需求方之间直接进行连接，在共享的过程中，供需双方彼此相识和相知，最后成为了合作伙伴，然而能够让其成为合作伙伴和朋友的关键因素就是双方在某一件事物上有共同的节点，这个节点可以是同种或同类物品、技能、经验、知识等。而社群之所以能够建成，其原因是构成社群的单个个体之间对某种事物存在相同的爱好和兴趣，也正是这一相同的爱好和兴趣使得不同的个体能够聚集在一起。其实，社群运营模式也就是一种分享经济运营模式，在本质上都是利用某一共同点将双方进行连接，进而在这个基础上产生运营活动。

## 社群运营实现分享经济高效运营的优势

1 成本低廉　2 建立连接　3 可持续性

以干货享平台为例。当前，干货即共享性资源处于资源过剩的状态。在分享经济领域，无论是时间、物品、知识还是技术、经验，只要出现过剩都可以拿出来与人分享。"干货享"平台，除了与大家分享干货以外，还在旗下组建了细分领域的社群，并且为社群分享更加有意义的服务。通常，我们要想获得自己需要的干货，往往需要很长时间才能挖掘到，然而在"干货享"这种工作就变得更加轻松、容易。在"干货享"，用户可以随时获得最新的资讯和资料，同时，分享者也可以通过将有价值的资料分享出去而获取相应的回报。不但可以获得回报，用户还可以通过人脉关系来推广自己的产品，增加个人产品的曝光率。因此，可以说，"干货享"实际上是一个围绕干货交流而运行的分享平台，以社群为核心，以人人都是分享者为主导，从而将社群里的每个成员连接起来。

### 3. 可持续性

能够最大限度地利用好社群资源，使各成员之间能够彼此实现互利互惠，这就使得社群运营可以良性循环，实现可持续发展。

以 Aribnb 为例。Aribnb 堪称短租鼻祖，建成于 2008 年。2016 年进行新一轮 10 亿美元的融资之后，其估值达到了 200 亿美元。Aribnb 在建成之前，就是两个租不起房子的同伴，后来发现如果有一间房间空着，里边能够放个气垫床，让那些路过又付不起昂贵房费的人在这里住宿，并为其提供一些早餐，这样或许能够为自己谋出一条创富的道路。于是他们就按照自己制定的实施计划干了起来，事情一切都在掌握之中，没过多久，不但两人的房租赚回来了，而且颇受大众的青睐，赚回了他们的第一桶金，创建了短租平台 Aribnb。Aribnb 与传统的房屋出租相比更具亮点，一是具有很高的价格优势，而是带有一定的社交性质。如果租客住进来，房东会主动向租客介绍周边的相关美食和值得一去的旅游景点。而传统的房屋出租仅仅是一种零交流的房屋出租商与租客的关系。

社群运营能够推动分享经济高效运营，实现价格低廉、成员连接、可持续发展。然而，这一切还得建立在一个具有发展和运营价值的社群创建的基础上。那么如何让一个社群能够满足每位成员需求、实现运营价值，还得从以下几方面入手。

**1. 分享内容要有"颜"有"料"**

在社群内分享内容，既要有"颜"，从标题上就能吸引大众目光，还要有"料"，其内容一定要有价值。这样既能够给人留下深刻的印象，又能够真正给人带来价值。

**2. 成员互动少不了**

既然是社群，就一定需要内部成员之间加强互动，从而建立强关系，维持整个社群发展的稳定与繁荣。

**3. 共享互助互利**

在社群内分享相关内容，其目的就是让社群内的所有成员都能够获益，从而实现互助互利，实现共赢。

## 社群运营的切入点

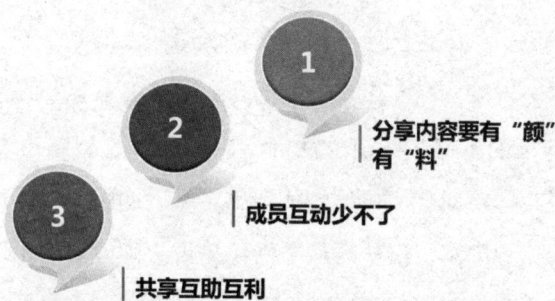

1

分享内容要有"颜"
有"料"

2

成员互动少不了

3

共享互助互利

社群运营打造运营的核心用户，增加用户粘性，进而提升分享经济运营效率，这不是一朝一夕的事情，是需要社群领袖独具慧眼，具有开拓精神，勇于自主创新，善于创新分享策略才可以实现的。

# 7.6 协调发展标准化、个性化

分享经济正在以一种势不可挡的力量影响着我们生活的方方面面，分享经济正与工业 4.0 共同成为当前全球经济发展的两大核心战略。在这样一个分享经济发展如火如荼的时代，不仅实现了经济效益的提升，还改变了人们的消费理念，以往卖新和卖多的传统理念正在向以租代售转变，从而以较低成本和更好效率盘活了剩余资源，达到了"人尽其能，物尽其用"的目的。

有人认为，当今是一个个性化、定制化的时代。在分享经济下，传统的标准化、一体化已经不复存在，取而代之的是个性化和定制化。然而在分享经济下，标准化与个性化真的"水火不容"吗？实则不然。

## 1. 标准的基础上实现个性化

在分享经济时代，供给端体现出多维度的特点，即产品和服务个性化、定制化程度高。供给端从个性化来讲必须能够满足用户多层次的需求，这样才能得到用户的认可，才会有更多的人为你买单。

然而，这种个性化和定制化的实现是建立在标准化流程的基础上的，只有用标准化的流程才能使得资源配置的效率得到提高。分享经济的本质就是把社会中的各种闲置、闲散资源进行高效配置，配置的过程中需要把不同的产品用一种标准化的流程或者一些标准化的配置产生更加高效的价值或者实现交易的快速完成。因此，在分享经济时代，标准化与个性化之间不是水火不相容的，而是可以相互之间协调发展的。

任何市场，总是先实现需求的满足，然后再实现个性化的满足。这就像一个人正处于非常饥饿的状态，这时候无论什么食物对他来讲都能够满足其果腹的需求，只要有食物，对于他来讲都是非常好的，因此这时候强调的是有没有食物的问题；只有选择简单的基础食材填饱肚子之后，才会在饱腹感的基础上对自己面前的多种食材进行融合、加工，按照自己的喜好和口味来做出花样吃法，这里强调的就是食物的特色吃法。强调食物有没有，实际上就是能够快速满足用户需求的标准化和规模化道路；强调同种食材的花样吃法，实际上就是在满足他的个性化口味。

以 Airbnb 为例。Airbnb 作为一家倍受青睐的短租平台，实际上在出租屋的各种细节陈设、卫生清洁等房屋品质维护方面是与传统的酒店无异的，无论室内陈设、卫生环境等都可以与酒店相媲美，设置超过传统酒店，都按照 Airbnb 的统一标准进行。举一些细节性的例子。每间出租房都会给客人备有烘干的洗衣机、消毒液、洗衣液（分为普通洗衣液、真丝羊毛类洗衣液，可供租客根据不同的衣服进行选择）、洗漱套装、卫生巾、应急救护包、针线包、儿童餐椅、小宝宝用的摇椅、宝宝浴盆、换尿布用的垫子、雨具、逃生指南等；并且无论租客入住多长时间，都会多备一到两套床品和浴巾以供其更换；在做卫生清洁方面，都是房主亲力亲为，从不放过任何一个角落；床品和毛巾在清洁的时候，使用洗衣机在 60℃ 的热水中洗干净并烘干，其实这个温度已经足够消毒杀菌了，但是为了保险起见，还会加入消毒液，以便让租客在使用的时候更加安心和放心……所有这些都是 Airbnb 统一制定的标准。也正是因为用心在每个细节上做到了更优于传统酒店的标准化，才使得越来越多的用户更加喜欢上了 Airbnb。然而，标准化的房屋整理和基础维护仅仅是吸引租客的其中一个原因。Airbnb 还有一项更加优于传统酒店的特点，那便是房主与租客进行深入沟通和交流，充分洞察到租客的喜好和需求，进而为租客提供更加符合其需求的周边旅游景点指南，让租客在享受美好的住宿环境的同时，也能够不虚此行地在周边各个符合自身喜好特点的景点去享受大自然的美好。这种按需提供的景点指南服务便是 Airbnb 的一种个性化服务特色。当然，这一个性化服务是建立在租客对 Airbnb 更加优于传统酒店的标准化房屋整理和基础维护的基础上的，也正是基于这些标准化和个性化，使得 Airbnb 成为全球知名的最受大众喜爱的短租平台。

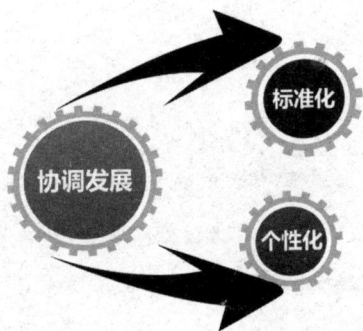

### 2. 个性化中蕴含标准化

当前，个性化已经成为时代的标杆，无论交通、住房、教育、医疗领域都在讲产品的个性化、服务的个性化。可以说个性化已经成为当前经济发展中所体现出来的一个鲜明的特点。如果说标准化是实现快速扩张的最好方式，那么个性化则是快速增大用户规模的最好方式。标准化是企业主动提供不同层次的标准化产品和服务，供用户进行选择，进而吸引更多的用户参与进来；个性化是前来参与的用户提出针对自身喜好的需求，企业主动创造针对用户的个性化产品或服务来迎合用户的这种个性化需求。从这个层面上看，实际上个性化中蕴含标准化。

这里依然以 Airbnb 为例。对于每个租客来讲，物美价廉才是他们最关心的，一方面要住得舒适，另一方面要价格合理。尤其是价格问题往往是租客们最为敏感的。Airbnb 也站在了租客的立场上，为租客提供不同标准的房间，并且按照房屋标准进行等级制收费。这里的"标准"是按照家居配置的等级来实现的，普通标准间的装修风格走得是简约路线，非常符合年轻人的审美观，各种该准备的细节都做得很到位，会让租客感觉到准备得特别细心，让每一位租客都能感觉到房屋既接地气又很温馨。稍微豪华的标准间则内部设备和设施都是非常高大上的类型，并且可以为租客提供英语、西班牙语、葡萄牙语、法语四种语言的服务。根据不同房屋的标准来制定差异化的价格，从而让不同的租客都能够根据自己的实际情况来租住更加适合自身特点的房屋，实现了差异化、个性化的房屋租住条件和出租价格。Airbnb 的这种差异化、个性化的价格机制实际上其本质里蕴含了标准化。

总之，在分享经济时代，标准化和个性化并不是两个孤立或对立面，相反，两者之间的关系是一种"你中有我，我中有你"的协调发展关系。企业能够充分把握这种关系，并能够应用自如，那么快速实现分享经济高效运营便不再是一件难事。

# 7.7 打破藩篱，创新机制，助力分享经济发展

分享经济实现的目的是能够充分调动闲置在社会各个领域的沉睡资源，并将其进行有效整合，进而提升使用率，最大限度地发挥其应有的作用和价值。而这些资源所沉睡的领域往往都是被传统地域、行业的管理体制所束缚，因此才使其无法参与到社会生产的大循环中发挥出其应有的光和热。

在长期形成的管理体系中衍生出来的这些固有的管理惰性与管理模式乃至利益藩篱，严重制约了分享经济的发展空间和前进速度。在这种情况下，企业要想能够实现分享经济的高速运营，关键还得创新机制，这才是助力分享经济发展的关键。

## 1. 创新分享机制的意义

分享机制是分享经济协同创新创业的动力源泉。建立协同创新创业的分享机制实际上是构建一个低成本、高效率的开放式创新创业生态系统，从而快速开展以开放、协作、分享、共赢为特点的分享经济运用体系。创新分享机制对于助推分享经济的发展主要有以下几方面的意义：

（1）创新分享机制可以加强资源的挖掘和分享潜力，有效避免资源的浪费，降低成本，提高资源使用率。

（2）创新分享机制能够为传统企业向分享经济转型带来新机遇，促进产业结构的升级。借助于互联网、大数据、云计算技术实现分享机

制的创新，使得各个利益主体抱团，从而产生 1+1>2 的效果，形成全新的经济增长点。

（3）创新分享机制可以改变当前社会的人才结构，从而实现人才与市场的供需匹配。

**2.实现创新分享机制的路径**

创新分享机制的实现，并不是一蹴而就的，是需要各方面共同努力才能实现的，具体实现路径有以下几个方面：

（1）制度建设。创新分享机制，首先需要相应的法制、法规作为保障，才能保证分享机制创新的顺利进行。分享机制的创新必不可少的是知识的分享、智力的分享、技能的分享。因此，需要积极引入高质量人才和智能，并保证分享者的权利和利益，还要从根本上维护知识产权，从而使知识产权分享的主体利益不受侵犯。

（2）企业交流。完善分享机制的创新渠道，是夯实资源共享和利益分享的基础。加强企业主体之间的交流，是实现分享机制创新的又一途径。加强企业主体交流应当从以下三方面入手：

## 加强企业主体交流的三个方法

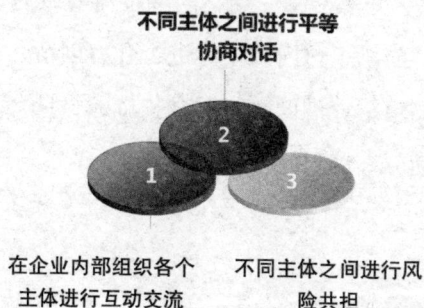

不同主体之间进行平等
协商对话

**2**

**1**　　　　**3**

在企业内部组织各个　　　不同主体之间进行风
主体进行互动交流　　　　　险共担

①在企业内部组织各个主体进行互动交流。互动是一种最为简单、

轻松的交流方式，通过互动使得人与人之间的交流更加容易进行，更能够拉近不同主体之间的距离，进而增加互相了解的机会，实现互相学习、互助提升，互利共赢。

②不同主体之间进行平等协商对话。企业中不同的主体存在一定的差异性，知识层次不同、资历背景不同、组织目标不同。分享机制的创新往往会触及到不同主体的利益，因此一定要在不同的主体之间进行平等协商对话，从而有效化解利益冲突，弥补相互之间的利益分歧，这也是保证分享机制实现创新的关键因素。

③不同主体之间进行风险共担。分享机制的创新同样也具有一定的风险性。因此，企业终端各个主体之间要能够站出来面对风险共同分担。只有这样，在大家共同的努力下，才能使得合作创新基础上的分享机制具有可持续发展性。

（3）文化氛围。文化氛围也是影响分享机制创新的一个重要因素。所谓文化其实包含两方面的内容，一方面是内在文化，即观念文化；另一方面是外在文化，即制度文化。但是文化氛围中其关键性作用的还是内在文化。企业内部的主体要形成一种以互利共赢、包容共进、创新革新的文化氛围，才能加快分享机制的创新速度。

（4）政府扶持。分享机制的创新同样也需要政府的扶持。借助政府政策扶持的力量，鼓励企业内部主体进行合力创新、包容信任，敢于打破传统管理思维的束缚；借助政府资金扶持的力量，鼓励社会资金的投入，从而有效推动分享机制的创新。

## 实现创新分享机制的路径

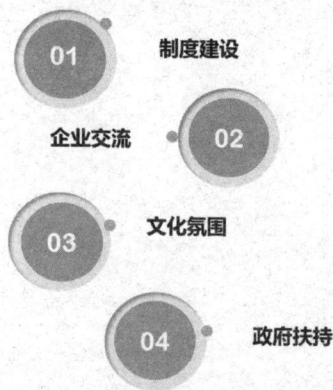

01　制度建设

企业交流　02

03　文化氛围

04　政府扶持

总之，分享机制的创新需要加强人与人之间的联系，需要大众参与到其中共同维护和监管市场秩序，从而有效发挥市场自身调节机制。只有充分利用企业内部主体作用、社会组织、企业监督、政府扶持等诸多社会力量，才能加快实现分享机制的创新，进一步提升分享经济的运营效率。

# 第八章

# 分享经济靠创新引领：各服务领域分享平台应用技巧

当前，分享经济成为一种创新的商业模式，已然覆盖了人们日常生活所涉及的各行各业，同时也有不少应用分享经济商业模式的成功案例。这些企业基于分享经济实现了创新，成为其所在行业的引领者，受到了诸多用户的认可和青睐。但是，不同行业中所包含的不同企业，在应用分享经济的过程中，也会结合自身的特点呈现出不同的发展方式。但无论如何，这些成功案例对于那些即将搭载"互联网+"迈向分享经济的企业来讲，不失为难得的借鉴。

# 8.1 分享出行服务：PP 租车，
# 推动基于分享经济的 P2P 租车服务的提升

在一线发达城市，尤其是过春节的时候，大多数人都回家过年了，因此使得人车分离，在城市里遗留下了诸多的"留守汽车"，形成了大量的闲置资源。其实，这种汽车资源闲置的情况在普通假期也是大量存在的，只不过在春节的时候这种闲置资源造成的资源浪费现象更加明显。基于大量的闲置汽车的存在，再加之当前对于车辆需求的不断提高，在这种情况下，P2P 租车抓住了这一利润节点，成为当前的创新租车模式。

根据前瞻产业研究院所提供的《2016—2021 年中国租车 O2O 市场前瞻与投资战略规划分析报告》显示："2015 年，中国的汽车租赁市场的整体租车规模有望达到 30 万辆，整个市场规模将超过 350 亿元。"这组数据中不难看出，当前我国汽车租赁市场的发展前景十分巨大。

所谓 P2P 租车，是指车主将自己闲置不用的私家车拿出来放在相应的平台上出租，有用车需求的用户可以通过手机 App 联系到附近的车辆来租用。当前，这种租车模式受到很多人的热捧，对于那些无力买车一族来讲，自然是给生活带来了诸多的便利，不用花费大额资金，仅仅每天支付一定的小额租费，就可以租来使用。到目前为止，一大波的

P2P 租车平台涌现出来，如宝玛租车、凸凹租车、友友租车等，都相继获得了融资，其创业热度和受到广大用户的追捧热度可见一斑。

2013 年 10 月，PP 租车也借鉴国际 P2P 租车模式，开始跻身于 P2P 租车领域，希望能够从 P2P 业务中对现行租车业务的短板进行补充。PP 租车作为我国租车行业的领导者，结合当前亚洲以及中国客户的消费习惯，并以为消费者提供更加便捷、安全的个性化 P2P 出行服务为宗旨，主要是为乘客提供私家车租赁，将私家车的闲置时间与租客的用车需求进行匹配；车主在保证自己的爱车安全的基础上，将自己的爱车租出去，然后坐享闲置车辆换来的出租收益，与此同时为消费者提供便捷的出行服务。

PP 租车借助分享经济，不但缓解了当前城市交通拥堵的局面，而且还很大程度上将那些闲置汽车资源利用起来，充分提高了其使用率，为广大民众的生活带来了极大的便利，进而成为当前诸多年轻人引领的一种潮流和风向。更重要的是，很多车主在分享经济下借助 PP 租车平台给其自身创造了很多经济利益。

经过相关调查数据显示，当前在所有被调查的样本里已经有 17% 的车主表态愿意把自己的车辆拿出来分享挣钱。PP 租车成为当前 P2P 租车领域的标杆，并且 PP 租车也经常会挖掘一些乐于宣传的忠实用户。其中有一名金融行业的退休高管，他熟练应用自己长期积累的理财理念，将其应用于 P2P 租车领域。他先花了 25 万元买了一辆二手硬顶跑车奥迪 TT，之后以 600 元一天的价格挂牌出租，每个月的保底收入都能达到 14 000 元，因此获得了不低于 80% 的年收益率，在仅仅一年半的时间里，他就收回了当初用于买二手车的 25 万元成本。

PP租车的短期发展目标是，借助分享经济，让各大一线城市的用户，只要萌生用车需求，在任何地点步行5分钟的辐射范围内，就可以通过PP租车找到立刻可以开走的共享车辆。当前，PP租车布局分享经济，主要从以下几个方面入手：

### 1.为用户带来更加全面周到的服务

PP租车为用户提供了多种登录方式，包括"手机号码＋密码"、"手机号码＋验证码"，用户可以随意选择其中一种，即便是用户忘记了登录密码，也可以通过验证码登入。

另外，PP租车还鼓励每位用户完善个人信息，包括头像、学历、职业、爱好、驾驶状况记录等，从而对每位用户有更加精准的了解，并且对每位完善个人信息的人给予现金奖励，以资鼓励。

PP租车采取的是一种轻盈利模式，车主会主动公布车况与个人信息，租车手续比较简单，提车方式也是比较灵活的，所以能够给用户带来一种非常便捷的服务体验。

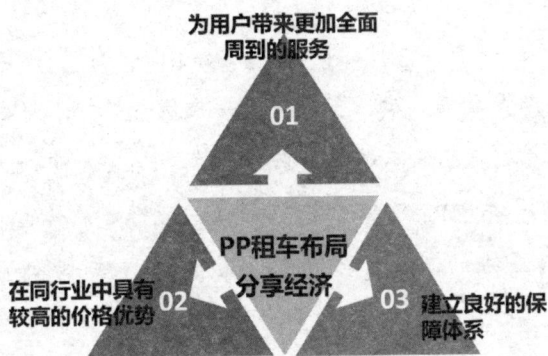

为用户带来更加全面
周到的服务
01

PP租车布局
分享经济

在同行业中具有
较高的价格优势 02

03 建立良好的保
障体系

### 2.在同行业中具有较高的价格优势

PP租车相对于同行业中其他租车企业，一直在价格上保持相对的优势，即便是遇到特殊情况，也不会让闲置车辆支付额外费用。这样，那些拥有闲置车辆的用户就自然而然地愿意来 PP 租车平台分享自己的闲置车辆和自己的闲暇时间。

### 3.建立良好的保障体系

PP 租车有着较好的市场反馈，并且建立了非常良好的风控体系，一旦有分享的车辆发生了事故，就会有专门的部门解决相关事端，并且拿出一套代步补偿和赔付体系来支持问题的解决，从而保证每位用户获得最佳的用户体验。

一旦 PP 租车发生了危险，安盛集团作为国际知名的救援公司将会为用户提供7×24小时服务，并且由 PP 租车全权负责办理车辆出险服务，从而保证车主和乘客都能够享受全额赔付，获得最优质的体验服务。然而，对于传统的租车企业来讲却很难做到这一点，几乎没有一个出租车企业可以做到全额赔付，如果发生交通事故，保险公司不予以赔偿的部分，往往是需要乘客自己承担的。在这一点上，PP 租车自然是优于传统租车企业的。这对于乘客来讲，事关自己的切身利益，因此自然会选择 PP 租车。

另外，如果有车主发现自己的爱车被盗或者遗失，很多时候往往会在补偿问题上，难以及时处理。PP 租车为了应对这种情况，给每位共享车主发放了"智能盒子"，可以通过车载诊断系统、行车电脑、GPS 等对车辆进行实时监控，可以随时掌握行驶车辆的信息，一旦发现某一车辆出现异常情况，就会马上有人跟进，快速解决车辆异常问题。这种方式通过有效监控车辆状态，从而将车辆的损失降到最低。

总之，PP 租车作为 P2P 租车的代表，在互联网时代的分享经济下，已经成为了当前租车领域的标杆和趋势，随着行业竞争的不断加剧，以

PP 租车引领的 P2P 租车行业必将为用户带来更大的便利和实惠。这也正是广大车主和乘客所希望看到的。

# 8.2 分享短租服务：
# 小猪短租选择借助"分享经济"标签进军短租市场

当前，休闲游和自由行非常流行，并且由此而兴起的短租市场也逐渐开始火热起来。旅行者们不再满足于那些单调的酒店宾馆，而是想更好地体验旅游景点的风土人情。在这种情况下，出租者能够把自己闲置的房屋资源拿出来分享给那些有需求的旅行者，一方面满足了旅行者对于在当地风土人情的体验，另一方面那些资源分享者将自己的闲置资源转化为了一定的回报。这样一举两得的事情，何乐而不为呢？

实际上，这种普通居民将自己的闲置住所划分出来进行短租的形式在西方国家中是十分盛行的。如今，我国也逐渐兴起了短租风，几乎各大景点附近都有这种闲置房屋分享形式的短租服务，如农家乐就是一个典型代表。这种短租服务在价格方面是具有一定的优势的，是普通旅馆的 2/3。

美国德克萨斯州奥斯汀的知名在线短租巨头 Home Away 成立于 2004 年，并在 2005 年开始运营至今。在十年的时间里，Home Away 对自身的发展方向和策略进行了多次调整，目前已经成为全球最大的假日房屋租赁在线服务提供商。Home Away 在当前全球 145 个国家中已经拥有了超过 50 万个假日租赁房源。在 2011 年 3 月，Home Away 正式向 SEC（美国证券交易委员会）提交了 IPO（首次公开募股）申请，此时的估值为 21.6 亿美元。同年 6 月，Home Away 在纳斯达克正式挂牌，其估值就涨到了 30 亿美元。

再看看美国的另一个 P2P 短租巨头 Airbnb。Airbnb 成立于 2008 年，总部在美国加州旧金山市。Airbnb 作为一个旅行房屋租赁社区，用户借助移动互联网，通过手机中安装的应用程序发布各种有关房屋租赁和出租的信息，并在线完成供需交易。如今，Airbnb 已经在全球 190 个国家、近 34 000 个城市中遍布了短租服务，发布的房屋租赁信息数量也达到了 5 万多条，被美国时代周刊誉为"住房中的 Ebay"。

在国内，短租领域中最为知名的分享型企业，小猪短租就是一个典型。小猪短租的创建灵感实际上是受到了美国 Airbnb 的启发。Airbnb 借助协同消费将房主和租客通过平台连接了起来。小猪短租作为国内企业，应用分享型经济的理念，为房主和租客搭建了一个诚信、有保障的在线沟通和交易平台，让更多的房主愿意将自己的闲置资源通过分享来充分发挥其巨大的价值，同时小猪短租更加注重个人房东和租客之间的交互，通过房主与租客之间的社交关系，为租客提供更加具有人文关怀的住宿体验。

小猪短租的商业模式其实是将闲置房源以及与其相关的配套设施等盘活，通过一定的运营管理为用户提供更加舒适、价廉的住宿环境，为房主创造额外的收入，同时也为自己赚取更多的利润。实际上，小猪短租的分享平台模式是一种典型的O2O模式，通过线上支付线下体验住宿服务，通过专业线上运营和线下服务团队共同努力打造的共赢盈利模式。在借助"分享经济"标签下的小猪短租在其运营的商业模式上有如下几个特点：

### 1.锁定客户价值需求，撬动短租消费市场

当前，国家经济飞速发展，人均消费水平也逐渐呈上升趋势，与此同时，那些以休闲、娱乐的休闲旅游度假也成为人们排解抑郁、缓解压力的主要方式。另外，互联网的出现使得人们的思维有了一定的开阔性，越来越多的人开始喜欢体验式旅游，即从传统的"背起行囊→上车睡觉→下车看景→拍照留念"模式，逐渐转为更加倾向于寻找文化遗韵和民俗渊源、能够更加亲近大自然、享受大自然带来的艺术风格所带来的惬意、舒适的旅游体验。希望通过接触当地的风土人情来体验当地人的日常生活、文化特色等。因此都在选择住宿的时候更加倾向于短租，这样不但开销减少，而且还能获得更好的旅游体验。小猪短租也正是看到了其中所蕴含的巨大商机，进而借助分享经济商业模式而搭建起来的短租平台。

### 2.提供平台交互体验，打造人际社交圈

小猪短租为房主和租客搭建了一个闲置资源供需匹配的平台，保证了房主和租客交易的高效达成。不但如此，房主和租客同住一室，这样就为房主和租客的交流提供了更加便利的途径。

小猪短租是通过人对人、服务对服务、人对服务形成交互，最后让用户更多地借助这些信息去做出房屋选择的决策。并且，房主和租

客在相互交流的过程中也增进了彼此之间的感情和信任，从而大大提升了交易量。

　　小猪短租网站上有一个 IM 功能，借助这一功能，那些种子房主就能够积极主动地配合租客提出的问题进行一一解答。例如租客下一个订单，这时候，就需要房主对其进行快速回应。小猪短租要求每位加入到平台的房主能够对每位前来询问与业务相关问题的种子租客作出快速响应。这种快速响应，在那些前期的种子用户进一步转化为忠实用户的过程中起到了巨大的助推作用。根据小猪短租网所提供的数据显示："2016年开春以来，小猪短租平台的交易量上升幅度非常大，订单量同比 2015年增长了 500%。"同时还有一组来自小猪短租的最新数据表明："当前分享经济在我国的热度正在持续升温：每天，小猪短租新增房源数量为 250~300 个，相当于两三个中型酒店的规模；每天有 7000 多个房间在小猪短租平台上被分享。另外，截止 2016 年 3 月底，小猪短租平台上房源数已经接近 80 000 套，覆盖了国内 249 个城市，其活跃用户数量超过了 500 万。"

（本案例数据来源于小猪短租）

## 小猪短租商业模式的特点

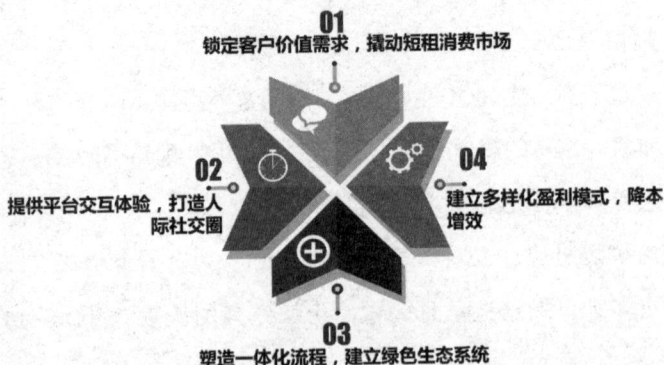

01 锁定客户价值需求，撬动短租消费市场

02 提供平台交互体验，打造人际社交圈

04 建立多样化盈利模式，降本增效

03 塑造一体化流程，建立绿色生态系统

### 3. 塑造一体化流程，建立绿色生态系统

小猪短租是以 O2O 模式为主建立的绿色平台生态系统。在小猪短租平台上，无论是房屋的地理位置、房型、限住人数、房价，还是小区介绍、周边衣食住行、交通、安保设施等，一应俱全，都能够找得到。这些精准的信息对于租客来讲，可以快速帮助他们找到自己的理想客房。同时，小猪短租要求租客成功完成房屋选择之后在线上签署《房客保障计划》《房客人身安全保险》等，对租客的人身安全建立了保障体系。

小猪短租的《房客保障计划》中规定："当房客入住时，如果发生预定房间无法入住、房间及设施与照片不符、房东临时提价等情况时，将会对房客的正常入住给予相应的保障。"《房客人身安全保险》为了确保房客的人身安全，规定："房客通过小猪短租预订并入住且成功投保，将免费获得小猪短租提供的中国太平洋保险公司制定的《房客人身安全保险》，保障范围包括房客意外身故、意外残疾、意外伤害医疗三方面。"同时，房主还会签署《个人房东财产保障方案》《身份验证机制》。其中《个人房东财产保障方案》中规定："房客入住获得财产保障资格的房源、且在订单入住期间内，因操作失误、故意破坏或抢盗行为对住所房源造成损失的，《个人房东财产保障方案》将为房东保驾护航，全面保障个人房东的财产安全。"《身份验证机制》是要求用户将其二代身份证信息进行捆绑，把用户线上和线下信息进行配对，这样便于房东通过连网查询，将租户的二代身份证号输入，即可辨识租客的真实身份。

### 4. 建立多样化盈利模式，降本增效

在国外的一些短租分享平台往往是采用多样化的商业模式来获取更多的利润，然而这一点主要体现在付费上。像 Home Away 的付费信息

展示就是通过房主或者地产经理缴纳一定的费用，从而帮助房主在分享平台上分享自己房屋的租赁信息。小猪短租主要是通过托管费和交易佣金这两种方式赚取利润。在成本的控制上，小猪短租不需要支付房租和装修费，其主要开销是水电费、车辆折旧以及保洁、服务人员的人工费等。小猪短租同时采取的是一种合作公用的模式，从而有效缓解了资产过剩的问题，实行员工全国调配制度。

举个例子。如果进入冬季，往往由于天气太冷，北方的旅游也就进入了淡季，与旅游业息息相关的小猪短租也受到了旅游业淡季的影响，因此其业务量急剧减少。而这时候，地处南方的旅游业正是人们的选择方向。在这种情况下，小猪短租就会将其在黑龙江的工作人员调到海南去工作，从而有效降低了淡季员工的成本问题。

总之，小猪短租在国内的短租领域已经开始全面布局分享经济，并开始在分享经济下的短租领域按下了"跑马圈地"的加速键。未来，小猪短租的发展前景不可估量。

# 8.3 分享物流服务：
## 京东众包将"懒人经济"作为突破口

　　伴随着市场经济的不断发展，在互联网时代为"懒人经济"的爆发创造了一定的先决条件，同时也因此而催生了万亿级市场规模。也由此为眼下全球的新"风口"——分享经济的发展起到了巨大的推动作用。京东到家推出的众包物流模式"京东众包"，就是抓住了"懒人经济"的盈利契机，向分享经济模式挺进的。

　　京东到家推出的"京东众包"，实际上是通过招揽那些有闲暇时间的人员通过"顺路捎带，随手赚钱"的方式，将其集结在一起，从而实现京东的众包物流模式。这一模式在前文中我们也深入讲述过，该种众包模式实际上也是一种实现分享经济的典型模式。"京东众包"实际上是在京东到家的基础上进行的延伸和扩充，从模式上看，是建立在分享经济基础上实现闲暇时间分享者和客户之间的双赢：即借助现有的平台和通道，为了最大限度地抢夺"懒人经济"这块大蛋糕，而采用的创新物流模式。同时，"京东众包"对于京东本身来讲，既省时间又省成本，是对京东在自建自营物流方面支出较大短板的补充。另外，这种众包模式能够为社会上诸多闲散人员解决劳动就业问题，因此也为社会就业压力和就业困难问题进行了有效的缓解。这也正是"京东众包"模式的建立与那些传统的物流模式相比较具有的优势所在。

"京东众包"自2015年5月上线以来，短短几天的时间内，报名参与的人数就已经超过2000人。众包参与人员涵盖了很多不同特点的人群，包括公司白领、在校大学生、互联网工作者、赋闲在家的退休人员，甚至是跳广场舞的大妈大叔也加入到"京东众包"的队伍当中。

"京东众包"的这种人人参与的模式将那些有闲暇时间的劳动力充分利用起来，通过顺路、捎带、社区投递等方式让那些参与者能够在业余时间也能够收获外快。尤其是对于在校大学生来讲，他们在课外有很多的闲暇时间，可以充分利用这些时间去做兼职工作，加之他们又能够熟练使用移动互联网设备，在操作过程中毫无困难；另外，他们接受新鲜事物的速度也是非常快的，因此在对其进行培训的时候也是不费事不费时的，并且他们年轻有活力，体力上更具优势，并且思维灵活，可以随机应变，因此在投递的效率问题上毫无疑问是非常高的。

京东众包应用分享经济突破"懒人经济"的过程中，解决管理和信任问题是关键。众包物流是一个很难突破的领域，如果不能有效解决管理和信任问题，那么就很难将分享经济的思维模式应用于物流当中，对于抢夺"懒人经济"市场，就更是难上加难。因此，为了解决这样的问题，京东从以下几个方面做出规范和要求：

## 京东众包的规范和要求

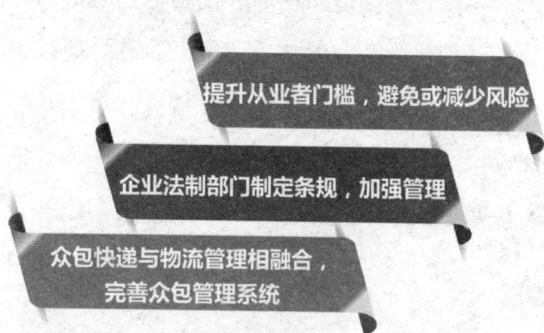

提升从业者门槛，避免或减少风险

企业法制部门制定条规，加强管理

众包快递与物流管理相融合，完善众包管理系统

### 1. 提升从业者门槛，避免或减少风险

京东在实现"京东众包"模式抢夺"懒人经济"的过程中，首先对那些具有闲暇时间的大众分享者进行快递资格培训和审核，并且进行培训的师资队伍都是专业教育人士，在培训方面有非常丰富的经验，能够对参与者严格培训，加强和规范培训制度，保证人人都能持有资格证上岗。这种做法虽然不能够完全避免可能出现的风险，但是在一定程度上将前来加入的参与者门槛进行了有效的提升，增强了用户的信任度。

### 2. 企业法制部门制定条规，加强管理

虽然京东通过培训和考核提升了从业人员的加入门槛，但是这并不能从根本上解决用户的安全隐患，不能真正地给用户带来安全感。为此，京东还专门通过监管部门针对安全问题对原有的规定作出了调整和创新，从而更加全面地对从业人员进行监管，从而为用户带来更加安全的服务体验。

### 3. 众包快递与物流管理相融合，完善众包管理系统

京东还将自身的规范化物流管理系统作为重中之重，并对其管理系

统进行了完善和改进，从而将物流管理和众包快递员管理进行很好的融合和整合，确保众包物流更加快速地发展。

　　"京东众包"仅仅是当前分享经济下驶入"懒人经济"市场中的一个典型代表。"京东众包"通过招揽那些社会闲置力量来分享自己的时间和劳动力，并将其转化为企业的核心竞争力，有效地减少了企业的时间、资金成本，实现自身的创新，进而更好地提升市场竞争力，并成为整个行业中的佼佼者。像"京东众包"这样的创新模式，是当前"互联网 +"时代背景下实现物流行业战略性转变的必然结果。

## 8.4 分享美容服务：河狸家推高颜值类项目，美业边界打造"人"的共享平台

分享经济是闲置资源的所有者将自己的资源拿出来，与那些有需要的人有偿分享。这是当前互联网技术发展大背景下衍生出来的一种创新商业模式。分享经济的发展，使得人们能够将自己闲置不用的多样化资源或者碎片化时间可以重新利用起来，赋予这些资源重新发光发热的机会。而资源持有者通过提供相应的物品或服务换取一定的收益，这样使得那些原本暗淡沉默的资源有了更多创造价值的机会，也为资源的持有者带来了增加收入的机会。如今，尤其是年轻人，越来越多的人逃离了机械化的工作方式，从而加入自由职业者队伍，分享经济正大踏步走在广阔发展前景的道路上。

据《2016 年中国分享经济发展报告》数据显示："2015 年，我国分享经济规模接近 2 万亿元，从业者人数约为 5000 万人，占劳动总人数的 5.5%。参与分享经济活动的总人数已经超过了 5 亿人。预计未来五年，分享经济年均增长速度在 40% 左右。到 2020 年，分享经济规模占 GDP 比重将达到 10% 以上。未来十年，中国分享经济领域有望出现 5~10 家巨无霸平台型企业。"这一组数据向我们表明，分享经济已经成为当下和未来经济发展的趋势，借助分享经济，可以推动我国整体经济的向前发展。

当前，以猪八戒网为代表的知识技能分享，以河狸家为代表的劳务分享，以京东众筹为代表的资金分享，以及以阿里巴巴"淘工厂"为代表的生产能力分享，已经如雨后春笋般不断出现，并且在国内的发展势头甚为火爆。

河狸家作为国内规模最大的美业 O2O 分享平台，已经从最初的提供上门美甲、美容、美发服务，逐渐延伸到其他领域，如预约 CEO 上门服务、一键约萌宠上门、一键约人声乐团上门等，因此，我们不得不感叹，河狸家业务拓展的速度和涵盖范围的确惊为天人。

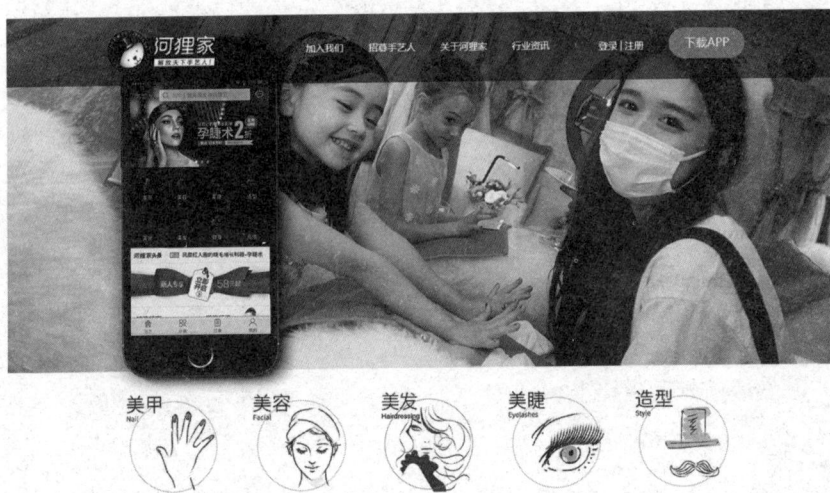

然而，河狸家拓展的所有业务都是将手艺人进行解放，从而使他们能够有更多的盈余时间去进行自由支配，并将其分享给有需要的人。当前，像河狸家这类的 O2O 分享平台层出不穷，越来越多的人希望能够自由支配自己生命中每一分钟，能够自由自在地做自己想做的事情，而分享经济给人们带来了更大的职业自由度。在分享经济模式下，作为自由职业者可以分享自己的闲暇时间帮别人遛狗、取送干洗衣物、为邻家夫妻带孩子等来获得一定的收益。河狸家实际上就是一个手艺人服务平台，在这里，用户靠分享自己的手艺来创造更多的价值。

河狸家布局分享经济，主要通过以下两个步骤实现的：

**第一步，将美甲作为切入点，不断延伸美业边界**

河狸家成立于 2014 年，最初起家的时候是以美甲为切入点的。充分抓住女性爱美的特点，在美业领域精耕细作，还将美业的 O2O 边界进行了延伸。之后还开辟了美容、化妆、美发等诸多业务，河狸家在各个细分领域中的用户群是高度重合的，因此通过聚集大量针对同一群体的业务，有效提升平台的整体使用率，也是增加用户粘性的一种重要的表现。

除了美甲、美容等之外，河狸家还全面向健身领域渗透，主要是为那些希望得到塑造优美形体的女性，项目包括瑜伽、健身球、人鱼线、马甲线等。这些声势浩大的举动意味着河狸家已经逐步进军整个美业领域，其业务涵盖范围将进一步实现扩张。多元化已经成为河狸家发展业务的方向，通过多元化特点为更多的女性提供更加适合自己的选择空间，向更多的女性提供更加满意度服务体验。

这样，用户和河狸家之间就会慢慢地建立起一种信任关系，这种信任关系无疑能够让越来越多的用户喜欢上河狸家，以及河狸家所提供的服务。

## 河狸家布局分享经济的两个步骤

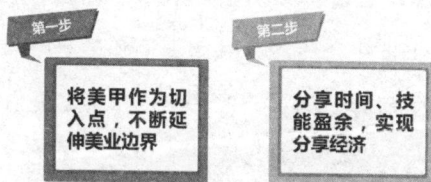

第一步
将美甲作为切入点，不断延伸美业边界

第二步
分享时间、技能盈余，实现分享经济

### 第二步，分享时间、技能盈余，实现分享经济

可以说，河狸家在第一步的时候只是在为后期分享经济的实现打下良好的基础。在前期通过信任增加了用户粘性，为平台聚集了大量的人气和流量。但河狸家在美业界的发展并不局限于此。河狸家还希望通过分享那些具有时间、技能等盈余的人，来打造"人"的分享平台，从这一点来看，河狸家的发展目的就是"解放天下手艺人"。

当今，手艺人的概念已经不局限于传统的工匠、瓦匠、铁匠、木匠等，而是只要具备一定熟练的技能，掌握了一定的知识、具有丰富经验的人，就可以被称为手艺人。如果这些手艺人拥有大量的空闲时间去进行自由支配，那么借助像河狸家这样的互联网分享平台，将自己的知识、经验、时间等分享出来，就可以将这些资源进行变现，进而产生巨大的价值。对于这一点，最知名的分享经济型企业 Uber 和 Airbnb 就是最好的例证。

河狸家在拉拢手艺人的时候，也放了很多大招。每位与河狸家合作的人都与河狸家签约，自从 2014 年河狸家以美甲步入 O2O 行业以来，吸引了百万名注册用户，日客单量最高的时候超过了 1 万单，客单均价也都超过了 150 元。对于那些面试成功的人，河狸家推出了 A 和 B 两种方案：A 方案中，面试成功的人员，在签约的时候就会获得河狸家提供的 5000~10000 元不等的推广补助。另外，鉴于其初入河狸家平台，客流量有限，因此河狸家会根据其所在的地理位置给其分配一些订单。B 方案中，加入者可以自由支配、自负盈亏，河狸家不会对其进行抽成，每月至少也能拿到上万元。河狸家鼓励美甲师进行个性化创作，建立自己的品牌，拥有固定的客户源。并且每个美甲师都是自己给自己定价，河狸家承诺不向美甲师收取任何提成。也正是基于这些优势，使得更多的人愿意来到河狸家让自己的价值得到最大限度的发挥。

河狸家推出的高颜值类项目，主要是通过手艺人分享技能，并且为客户提供服务来实现人的分享。一方面，通过拓展延伸美业边界，使得更多的客户能够从河狸家平台上分享认知盈余，另一方面则使得认知盈余的分享渠道更加丰富，手艺人在向客户分享技能、知识、经验的同时，还可以为其提供服务。对于手艺人来讲，则在分享知识、技能，提供服务的基础上，获得了相应的收益，使得个人价值和魅力绽放光彩。

总而言之，互联网时代，分享经济是其发展的内核，无论是Uber、Airbnb 这类的分享先行者还是河狸家这样的初入者，都在一点一滴地改变着当前整个经济格局的形态，从而让更多的知识盈余被分享，对整个社会服务，创造出更多的社会价值。

## 8.5 分享餐饮服务：
## "吃几顿"利用分享经济模式撬动"吃货"需求

在分享经济下，实现信息的最大流通、资源利用率达到最大化，从服务和链接做增值和溢价，这是当前分享经济下各个平台运行的思路。由于有了 Uber 和 Airbnb 等标杆在前教育市场，私厨共赢也成为一个全新的市场空间向外延伸。

目前，继出租车、房屋出租两大传统行业之后，分享经济已经触及了餐饮业，并且使得餐饮业开始独创新模式，即"私厨O2O"。私厨外卖市场中，站在私厨的角度来讲，私厨端的利润是相当可观的，对于广大私厨的利益驱动也是非常诱人的；站在用户的角度来讲，用户也能够在足不出户的情况下，节省自己外出、等待、吃饭的时间，还可以吃到更美味、性价比更高的饭菜。另外，私厨上门模式中，私厨不但为食客提供美味的佳肴，而且还为食客提供极致的服务体验。因此，私厨已经由于其具有的巨大优势而受到广泛的青睐。

在私厨外卖领域，像"妈妈菜""好厨师""烧饭饭""吃几顿""觅食"等私厨类平台不断涌现，这些平台都是以"家的味道"作为主旨，意在为每位食客带来家的味道，从而满足了众多"吃货"的味蕾需求。

　　"吃几顿"是在杭州活跃度最高的私厨平台，受到众多食客的喜爱。用户只要登录"吃几顿"App，就可以立即获得在自己附近 3.5 公里半径内的拿手菜图片，每张图片的下方同时还配有厨师的头像，点击头像就可以获得与该厨师相关的信息，包括年龄、厨龄、擅长菜系等。在了解相关信息之后，可以选择自己喜欢的菜品，然后下单支付，最后等待私厨的拿手好菜上门。

　　目前，吃几顿平台上已通过认证的厨师达到了 100 多位。从厨师年龄和从事职业的结构上看，主要由三部分人群组成，包括：第一类是退休老年人，所占比例为 50%；第二类是全职太太、美食达人，所占比例为 45%；第三类是闲在家的专业厨师，所占比例为 5%。"吃几顿"的主打餐是正餐，自上线的 5 个月时间里，"吃几顿"平均每天的私厨上线率达到了 70%~80%，在众多"吃货"当中，白领、孕妇、产妇所占的比例最大，成为了"吃货"的主力军。2015 年，"吃几顿"获得多牛资本数百万元的天使投资，其发展规模越来越壮大。

　　随着平台知名度的打开，"吃几顿"的业务范围已经不仅仅局限于上门送餐服务，更重要的是还包揽了多家创业企业的团队年餐以及私人高端宴请。"吃几顿"搭建平台的价值其实在于将私厨与用户需求连接了起来。一方面，将那些现在在社会中的劳动力和资源碎片花时间加以重新利用，从而将其转变为生产力，进而换取相应的利益；另一方面，通过这一平台的搭建，很大程度上解决了以往消费者的吃饭难、吃放心饭难的问题。

2016 年，随着食品安全问题再次成为人们争议的话题。"吃几顿"为了化解"吃货"们对于食品安全的心结，为了让大家吃得更放心，就在部分私厨的厨房安装了摄像头，进行试点推广。这样，每个私厨在厨房的操作流程，包括洗菜、切菜、烹饪、出锅等各个环节都能够全面、清晰地展现在"吃货"面前，这是一种公开化、透明化机制。一方面可以像"吃货"展示私厨的真实厨艺，另一方面还可以让"吃货"安心食用。可谓一举两得。

"吃几顿"较传统的酒店、饭馆在运营过程中具备以下几个优势：

### 1. 在自己家中就可以实现盈利

"吃几顿"的私厨大多数是在家中完成烹调，然后送到消费者手中的，因此，无需额外租赁场地，与餐饮门店相比较，在成本上有很大的优势。另外，从原材料成本，到水电燃气成本，所有的这些成本大概是每份成品菜价的 30%~40%，在除去送餐费，最后到私厨手中的纯利润能够超过 50%。

如果一个家庭的私厨，每天能够有 20 个订单生成并完成交易，每个月只要对外开放 20 天，那么每单的平均收入为 25 元的情况下，月销售额就能够达到 1 万元，在减掉杂七杂八的成本之后，最后留在私厨手中的纯利润就是 5000 元左右。这种方式下的收入也是较为客观的，可以不用像传统的朝九晚五那么忙碌，轻轻松松就能够赚钱。

能够轻轻松松获得这样的收入，对于那些赋闲在家的退休人员来讲，其吸引力和诱惑力是相当巨大的。因为，这种盈利方式既能够自由安排时间，又能够较多地获取盈利，更重要是让他们能够有机会参与到分享经济中来，与大众分享自己的闲置厨艺，让自己的厨艺发挥出其应有的价值。

## "吃几顿"在运营过程中的优势

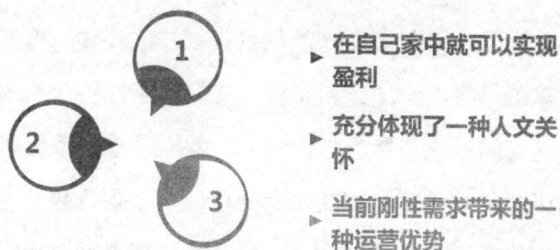

1 在自己家中就可以实现盈利

2 充分体现了一种人文关怀

3 当前刚性需求带来的一种运营优势

### 2.充分体现了一种人文关怀

在外面餐厅吃的饭再高级、环境再优雅，也比不上在家吃一顿有家的味道和感觉的家常菜。有时候，企业高管之间的商务洽谈往往搬回了家，在家中以一种非常轻松愉快的氛围能够拉近彼此之间的感情，进而提高商务洽谈的成功率。这时候，就必不可少的需要有私厨前来家中做一顿美味可口的，迎合对方口味喜好的家常菜。"吃几顿"的私厨就可以经过预约的方式，亲自上门，为客户做出一道道豪华但又不失家的味道的"大餐"。这种私厨亲自上门分享自己的厨艺给消费者做出一道道美味"大餐"的方式，实际上体现的是"吃几顿"对客户的一种人文关怀。

很多时候，消费者在宴请朋友、宾客的时候，想吃一些地道的家常菜，但又不会做，面对这种情况，"吃几顿"想客户所想，急客户所急，通过私厨上门的方式解决了消费者的难题，从根本上为客户着想，并尽最大的努力做到客户满意，必然会换来客户的感激之情。这样，一方面，私厨通过分享自己的厨艺获得了相应的回报；另一方面，"吃几顿"也通过这种方式牢牢地抓住了客户的心，与客户之间建立了信任，增加了客户的黏性，进而实现了创收。

### 3. 当前刚性需求带来的一种运营优势

很多人每天忙于工作、忙于学习，因此很少有时间自己做饭吃，但是又不能因为自己没时间做饭而不吃饭，去饭店吃又太浪费时间。因此，在这种情况下，就为像"吃几顿"这样的私厨分享平台提供了一定的资源分享的机会，以及获利机会。很显然，像"吃几顿"这样的分享平台已经完全避开了原有供给端，而是将目光转向了那些具有闲暇时间的退休老人以及具有闲置厨艺资源的厨师们，从而将他们手中所掌握的闲置资源充分利用起来，进而发挥其应有的价值。"吃几顿"是一种在刚需的基础上搭建起来的资源分享平台，将分享经济思维模式应用到其中，能够将那些闲置资源聚集起来，通过规模化运营而为消费者提供更加满意服务体验的运营模式。

总之，在当前分享经济下，"私厨＋上门"模式已经满足了广大"吃货"对于吃饭的需求，也解决了其吃放心饭的难题，同时也是将闲置资源加以合理利用并换取相应回报，使得供需得以匹配，而且是快速解决吃饭问题的最佳模式。这种模式是天生适合用分享经济的方式解决供给的。

## 8.6 分享家政服务：
## e 家帮整合阿姨资源满足用户需求

随着互联网技术的不断发展，人们的刚性需求也呈现出多样化特点和趋势。分享经济商业模式恰好是为了更好地满足用户的多样化需求而出现和存在的。打车行业、住宿行业等已经借助分享经济模式如火如荼地发展着。然而打车行业、住宿行业仅仅是分享经济下所涉及的行业的一小部分。如今，家政行业也在分享经济下充分利用社会资源，获得了更加宽广的发展空间。

e 家帮是国内新兴的最大微信家政服务平台，用户可以通过该平台预订钟点工，从而为广大民众的生活带来更加便捷、轻松的服务体验。面对当前分享经济备受推崇，并能够给众多企业带来创收，e 家帮也顺势借助分享经济的力量，抢夺阿姨资源满足用户需求，全面打造家政服务分享平台，抢占市场空间。

e 家帮是 2014 年 3 月开始策划，在 2014 年 5 月正式上线，并且实现了基于微信支付的在线担保。目前，e 家帮的微信用户数量已经超过了 100 万人，在线阿姨的数量也已经超过了 3000 人。

用户打开 e 家帮的微信服务号页面，点击"我要预约"，就可以直接进入预约钟点工或者阿姨。其中所涵盖的服务内容一目了然，包括服务频率，每周一次、两周一次；保洁类型包括日常保洁、大扫除、新居开荒等。e家帮平台上的阿姨大部分是传统的线下家政服务公司签约的，一部分是团队独立面试招聘而来的。在e家帮，所有的阿姨有一个外号，被称作"帮姐"。e家帮平台上每位"帮姐"的信息都是公开透明化的，要求"帮姐"年龄不超过45岁，最好有一定的学历。除此以外，e家帮还专门设置了考核机制来提升阿姨的专业素质。这样，"帮姐"拿出自己的盈余时间来分享，用户则花钱购买"帮姐"的时间，从而达到了供需匹配的目的。更重要的是，通过这种方式很好地保持了用户的黏性，使得用户与阿姨之间通过人性化沟通，实现多次合作消费。

e家帮借助分享经济之力抢夺市场具有以下几方面的优势：

**1. 安全保障优势**

（1）公安部NCIIC系统验证阿姨身份。e家帮对每位"帮姐"的资料都是经过认真审核，并有身份录入的。每位"帮姐"在上岗前都由公安部NCIIC系统验证阿姨身份，从而确保安全性。

（2）全面指标考核和调查进行筛选。e家帮在录用每位"帮姐"之前，都需要经过 3 层面试 +6 大类指标背景调查，经过再三筛选才能审核通过。

（3）采用小时工 QC 监控体系。e家帮平台采用小时工 QC 监控体系，对每位"帮姐"的工作状态进行实时监控，包括进度、时间、范围等，及时防范可能出现的风险隐患，从而保证每位用户能够安心、放心地享受服务体验。

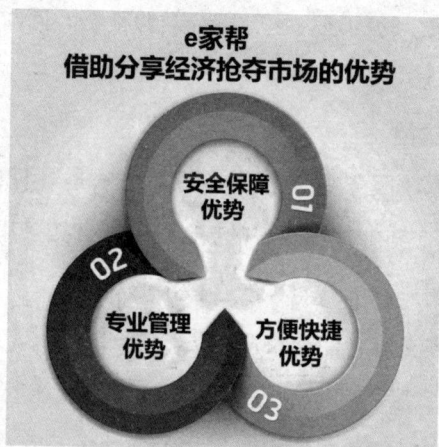

2. 专业管理优势

（1）服务管理平台人性化。e家帮为每位用户打造的是一个人性化服务管理平台，在"帮姐"资料页面，用户不仅看到来自"帮姐"的自我评价视频，同时还能了解到他们的兴趣和擅长的技能，使得用户对每位"帮姐"有更加明晰的了解，从而有助于用户选择。

（2）服务管理规范化。传统的家政企业中，阿姨接私单的情况比较严重，属于管理不到位。而e家帮则不同，通过科技手段对阿姨进行人性化管理，从而达到提升阿姨业务水平的目的。

①服务有保障。用户在下单支付后，其支付的费用将由 e 家帮来

暂时保管，当服务结束之后，用户点击"确认验收"，后台才会将这笔费用打给"帮姐"。如果用户发现哪位"帮姐"不认真，或者做的工作不够满意，就可以到后台进行投诉，一经确实，e家帮将会对那些造成损失的用户给予相应的补偿，同时还会将不负责任的阿姨拉入黑名单。

②招募要求较高。e家帮与传统的家政服务企业有所不同，在招募的过程中，"帮姐"加入的门槛比较高，通常要求年龄小于45岁，并且要求开朗、活泼、易沟通、懂礼貌、经验丰富，同时还对"帮姐"的学历提出了要求。

### 3. 方便快捷优势

（1）传统的家政服务中，其整体的联系方式是"用户→平台→阿姨"，而e家帮另辟蹊径，突破传统家政的联系方式，直接采用"用户→阿姨"，这样就可以实现用户和"帮姐"的直接沟通和交流，如果发现有什么问题，可以经过双方交流、沟通快速解决。

（2）e家帮实际上可以说是家政界的"滴滴出行"，只要发现有用户下单，"帮姐"就快速响应，仅在1分钟内，就有多个"帮姐"前来抢单，这样看来，用户好比乘客，而"帮姐"好比司机，司机抢乘客的单。在这种竞争下，用户用低价就可以享受到良好的服务体验。

（3）e家帮推出了GPS智能定位系统，一方面，对于用户来讲，可以实现智能推荐服务地址，省去了输入地址的繁琐；对于"帮姐"来讲，一旦有用户下单，通过智能定位，就可以就近上门服务。

（4）用户可以在e家帮平台上的搜索功能里找到那些获得评价最高的"帮姐"来为自己服务。

总之，e家帮为了借助分享经济模式在家政市场中占领一席之地，在很多方面下足了功夫，在充分整合和利用黄金般的阿姨资源之后，加之在安全保障、专业管理、方面快捷方面做足了功课，从而为用户提供更好的家政服务体验，让用户在安心、放心的前提下，享受便捷服务带来的美好生活。

# 8.7 分享教育服务：
# 网易教育实现线上线下教育资源的大整合

随着互联网在各个行业中的深入和渗透，互联网已经无处不在，使得人们内心里，不管是什么企业，不能与互联网接轨，那么这家企业就不是一家有发展前途的企业。当前，对于教育领域来讲亦是如此。眼下最为时尚的学习方式就是网络学习，在网上购买学习产品已经成为很多人参加培训的新方式。传统的线下交易正在逐渐进入市场调整阶段。因此，在当前线上线下教育迎来了一个教育资源大整合阶段。网易教育作为当前实现线上线下教育资源整合的典型代表，引领教育行业的创新模式。

据相关数据显示，当前仅在教育培训行业，目前市场规模已经超过了1000亿元。预计在未来3~5年的时间里，整个教育培训行业，线上的份额将一直呈上升趋势，届时线上将占据四成份额。这些数据充分说明了未来在线教育将成为极具潜力的行业。

分析当前教育行业的发展情况，我们发现目前教育行业呈现以下几个特点：

### 1. 优质资源分享将成为未来趋势

全世界的优质教育资源都会随着互联网的出现而具有无边界分享的特点。在几年前，网上出现了公开课，像哈佛大学、斯坦福大学、剑桥大学等的优秀教师都通过视频的方式广泛传播和分享知识。在我国清华和北大也都开设了自己的 MOCC 课程（大型开放式网络课程），旨在将知识资源与大众共同分享。

优质教育资源的分享随着互联网的进一步发展，在移动互联网时代则显得更加容易和便捷，用户只要手持智能移动设备，就可以随时随地享受智能推送的知识资源。

在这种情况下，学校教育包括中高等以及小学教育都能够在校园内获得不一样的知识，这就对教师资源的优质化训练提出了要求。这是当前和未来教育领域知识分享的一种趋势。

### 2. 最佳教育模式就是线上线下全打通

线上线下结合的教育，将给教育事业带来更大的发展空间。尤其是线上教育，会接通最大最丰富的教育资源，从而提高教学效率，提高学习的便捷性，而线上教育会通过互动提升人与人之间进行知识分享和交换的意识。线下教育作为人品人格教育、智慧教育等渠道，将每个人培养成德智体美劳全面发展的人才。因此，线上线下教育结合起来，是当前教育领域的重要发展体系。

网易教育作为当前在线教育的翘楚，也正是结合了我国当前教育领域的发展状况，在分享经济下，成功实现了社会闲置资源的释放，同时帮助供需双方实现了信息对接。目前，网易教育频道的用户数量每天以惊人的速度不断增长，网易教育能够有当前如此快速的发展之势，很大的一部分功劳应当属于其互联网运营中心。该中心不但提供相应的技术支持，还及时收集"教"与"学"双方的需求，从而达到供需匹配（"教"

与"学"的匹配）。

传统教学方式中含有诸多的局限性，使得教学者往往没有充分展示自己才学的机会，尤其是"一对多"的教学过程中更是如此。网易教育开设的网易云课堂却从传统教育模式中脱颖而出，网易云课堂并不是一味地采取视频授课的方式向求知者传播和分享知识，还通过副文本、Flash 等多种课件来增加求知者的互动性，与此同时，还在课件中加入了测验题、虚拟实验台等，从而让教学者和求知者能够更好地参与讨论，这样就让原始的线下资源发挥了更大的作用和价值，也因此吸引了更多的求知者的求知欲望。这种方式改变了传统教育中求知者被动接受知识习惯，转变为主动参与互动和积极加入讨论，极大地提升了教学质量。

总之，网易教育的教学目的就是为了让教学者和求知者能够充分利用自己的时间，作为教学者而言，获得了收益；对于求知者而言，获取了自己需要的知识。网易教育分享平台具有如下特点：

### 1. 本质是将教育资源进行分享

网易教育所涵盖的信息量是比较巨大的，这样就能够吸引更多的用户前来获取自己所需的知识从而给自己充电。网易教育打造的"一站式"在线培训，将线上与线下资源很好地融合起来，以资源分享作为切入点，

## 网易教育分享平台的特点

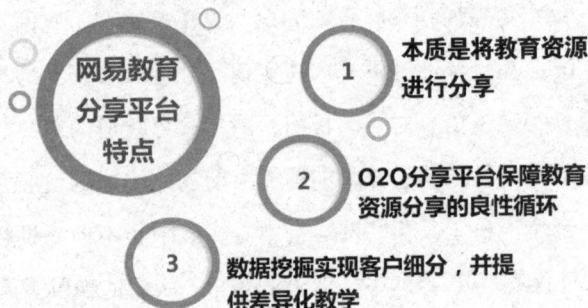

网易教育分享平台特点

1 本质是将教育资源进行分享

2 O2O分享平台保障教育资源分享的良性循环

3 数据挖掘实现客户细分，并提供差异化教学

这样用户才会带着兴趣前来加入。另一方面，对于网易教育本身来讲，只有吸引大量的用户前来参与和互动，才能了解用户的真正需求是什么，从而更好地调整和改进发展策略，一旦这种教育资源分享模式成为了广大用户的刚需，那么网易教育所获得的利润是相当可观的。

### 2. O2O 分享平台保障教育资源分享的良性循环

站在传统的角度来看，教育和学校是两个形影不离的个体，然而在当前的互联网时代，这种思想已经发生了巨大的转变。在线教育就是脱离了实体学校，而是通过网络平台的形式完成教学过程。对于教学者来讲，通过利用课余时间，让教育资源的潜力得以释放，进而名利双收；对于求学者来讲，要想快速扩展自己的学识、提升自我操作技能，线上线下相结合的 O2O 模式是最佳的选择。这样在线上进行理论学习，在线下进行实战操作，从而保障了教育资源分享的良性循环。

### 3. 数据挖掘实现客户细分，并提供差异化教学

今天，随着信息的多元化，客户需求的多样化，这样传统单一的划分客户的方法已经不能够帮助商家解决复杂的问题了。通过广泛收集客户的消费记录、消费行为等数据，并对其进行分析和整理，根据客户价值进行排序，并且有针对性地为其制定相应的业务开发和服务计划，这就是根据价值维度对客户进行细分的模式。如今，这种模式已经在众多企业中被广泛使用。依据价值维度对客户进行细分，主要包括三个步骤：探索、评估、布局。这三个步骤对于任何企业都适用，不分企业规模大小、企业能力大小。这一点在教育领域亦是如此。

大数据的帮助下，针对不同求知者的个性化特点和需求，为其提供相应的个性化教学内容，通过差异化实现精准教学，进而取得巨大的收益。网易教育就是通过看求知者的数据来进一步调整运营策略的。

有位白领在给自己报经济管理方面的课程时，网易教育就能够通过这位白领在报名时所填内容进一步分析，并知道其当前最为需要的知识内容，并且为其准确地推荐更加适合其个人知识需求的培训方案，从而帮助这位白领有效提升在这方面的能力。

总之，从以上这些特点中，我们不难看出，网易教育在线上线下整合方面的确做出了很多成绩，使得其教育资源能够拿出来分享给每一个有求知欲的人，从而在实现自我价值的时候，也实现了创收。

第三篇

探索篇：分享经济的未来

# 第九章

# 分享经济未来可期：分享经济成为下一个风口

目前，分享经济浪潮正席卷全球，平台企业持续增加，分享领域不断拓展，市场规模高速增长，涌现出一批"独角兽"企业，行业竞争愈发激烈，竞争格局快速变化。在政策的支持下，未来全球分享经济将迎来新的发展机遇。目前，几乎每个行业都面临产能过剩问题，中国已经从一个所谓的短缺经济走到一个供应过剩的经济。但是从当前的发展态势来看，中国分享经济仍处于发展初期，未来具有更大发展空间。因此，可以说，分享经济绝对会成为下一个风口，现在只是刚拉开了序幕。

# 9.1 分享经济引领未来趋势

眼下，以分享经济为代表的营销模式正在进入我们的生活，进而引发一场经济模式的变革。这是适应当前信息技术发展与人类社会进步相适应而产生的必然结果。分享经济的飞速发展趋势是势不可挡的，并且分享经济将成为人类文明不断进步的重要推动力。相信在未来几年，分享经济必然成为引领经济发展的趋势。

**1. 商业模式的内涵和外延都将发生显著变化**

分享经济的发展已经影响了社会中的各个领域，商业模式也逐渐走向了成熟阶段，其内涵和外延都发生了显著的变化，其影响已经不仅仅局限于前期的以提升经济效益的目标上，而是将重点放在了企业和社会转型上。

产业规模的不断扩大，使得分享经济的贡献率也有所提升。通过分享，我们可以面对当前的资源短缺问题，可以有效解决当前的气候变暖、环境污染、交通堵塞问题，同时也可以解决经济衰退的问题。目前，分享经济所涉足的领域十分广泛，包括交通、住房、教育、医疗、金融、家政等与人们生活息息相关的每个业务领域。可以预见，未来分享经济还会给制造业、基础设施、能源、农业等领域带来巨大的影响。

**2. 市场竞争更加激烈化，少数企业成为胜者**

由于当前分享经济还只是处于成长期，因此整个分享经济的发展格局还没有稳定，未来几年内分享经济领域的竞争将更加激烈。在这样的情况下，将会有部分具有发展潜力的企业以最快的发展速度站在同行业发展的最前列，成为该行业中独占鳌头的巨无霸。

作为分享型企业，要想打败竞争对手，并立足于不败之地，其竞争的核心就是用户，一切以用户为中心，为用户尽可能地创造价值来满足其各方面的需求，这是当前企业实现可持续发展的一条重要途径。但是，在发展过程中，企业也应当全面加强自我监督的能力，需要主动履行社会责任。

## 分享经济引领未来趋势

趋势一　商业模式的内涵和外延都将发生显著变化

趋势四　监管体系进行了重构，社会发展实现协同治理

趋势二　市场竞争更加激烈化，少数企业成为胜者

趋势三　传统企业进入大转型时代，纷纷拥抱分享经济

### 3. 传统企业进入大转型时代，纷纷拥抱分享经济

作为一家典型的传统企业来讲，在面对突如其来的分享经济发展浪潮的时候，通常会表现出三种反应，即漠视观望、不知所措、积极参与。传统企业应该意识到分享经济能够给其带来更多的机遇和挑战，但是相比起来，机遇则大于挑战。因此，越来越多的企业开始积极应对分享经济带来的多重挑战，并开始采取积极的态度去制定相应的措施来迎合分享经济的发展，同时在新的挑战和机遇中寻找到能够打败竞争对手的优势。

有的企业正在通过与分享经济型企业联手合作，创造新价值。以办公空间分享领域的万豪集团（Mariott）为例。与 Mariott 与 Liquid Space 公司展开合作，将其作为一种新型的销售渠道或者办公预订手段。喜达屋（Starwood）酒店集团也与 Desks Near Me 公司进行了类似的合作。在零售领域，美国最大的有机食品超市全食超市（Whole Foods）与分享物流配送公司 Instacart 在全美国 15 个城市进行合作，提供 1 小时到达的配送服务，基于这种营销模式，使得客户平均采集量较之前迅速提升了 2.5 倍，每周销售金额增加 150 万美元。这就是传统企业与分享经济型企业合作，共同拥抱分享经济，实现转型的很好例证。

另外，那些自身有一定条件的企业正在靠自己的力量，外加相应的发展策略来实现向分享经济型企业的转型。

以宝马、奔驰、奥迪等汽车巨头为例。三者共同引进分享经济模式，通过以租代售、停车共享等方式来实现向分享经济型企业转型的目标。实际成果告诉我们，它们的确成功做到了。海尔集团提出了"人人创客"的转型战略，其实也是为了更好地面向分享经济而提出的。这一战略很好地推动了海尔从制造产品向制造创客转型，从而满足当前消费者的个性化需求，同时也适应了当前生产分散化、市场动态发展的需求。

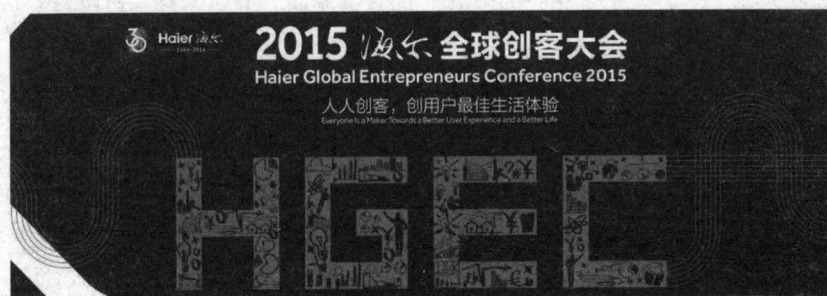

徐工集团成立了为道路工程机械用户提供一站式解决方案的综合服务平台——徐工"路之家"工程机械信息服务平台。这个平台通过为用户制定符合用户需求的个性化服务方案，并将其分享给用户，让用户获得更好的服务体验，从而推动了"互联网＋"工程机械的融合发展。

### 4. 监管体系进行了重构，社会发展实现协同治理

分享经济的发展促使监管部门对于法律法规的制定进行创新，同时也为构建多方参与的协同治理模式提供了非常丰富的经验积累，并且在技术与数据方面给予了强有力的支撑。协同治理是当前分享经济发展的客观要求，同时政府、社会团体、企业、个人也在其中发挥了巨大的作用。

政府一方面要为分享经济的发展创造宽松的环境，另一方面还需要解决因创新发展而产生的各种利益平衡的矛盾。在企业进入分享经济发展初期，政府应建立各种扶持政策，从而保证整体经济快速发展，实现精准治理，从而建立完整的生态体系。

对于企业来讲，企业内部治理是实现协同治理的重要一部分，并且起到了十分重要的作用。分享经济平台在发展过程中所形成的各种监管体系，包括准入制度、交易规则、风险把控等，不但可以保证企业能够实现可持续发展，还能够辅助政府实现强效监管。另外，企业在发展过程中产生了大量数据，这些数据对于政府的监管也有很重要的支撑作用。

就个人来讲，个人手中往往拥有一定的闲置资源，如果能够将这些资源拿出来在社会中进行分享，这将极大地缓解社会资源短缺的问题。同时，个人也从一定程度上推动了整个社会分享经济的发展进程。

总之，分享经济当前竞争日趋激烈，由于市场潜力大、进入门槛低才使得少数企业能够在激烈的竞争中胜出。但是即便如此，当前尚未形成稳定的竞争格局，相信未来几年分享经济领域的竞争将更加激烈。基

于网络经济具有赢家通吃的特点，因此，未来部分发展较快的领域将有少数企业独占鳌头。因此，我们相信在接下来的几年中，我国出现若干家巨无霸平台企业是完全有可能的。

一方面，分享经济要想立于不败之地，就应当坚持"用户为中心"的原则，在价值创造的基础上才能获得经济可持续发展的能力。目前，很多企业，尤其是传统企业还依然持着观望的态度，并寻找合适的契机，以期实现向分享经济领域的转型。相信在前期众多积极参与分享经济的企业，如海尔、宝马、奔驰等大型企业的成功试水下，也许用不了多久，大部分企业，包括传统企业在内，都将成为分享经济的参与者和受益者。

另一方面，创新性的商业实践通常都是领先于制度与法律的进程的，因此，在这个创新过程中，往往会给新事物留下一定的试错余地。分享经济所带来的挑战是要在政策的不断调整下才能逐渐趋于完善的。从未来的发展趋势上看，支持和鼓励创新将成为政府监管与各项制度设计的基本原则，有利于新事物成长的试错空间将越来越大。届时，分享经济充分发展的红利将惠及每一位社会成员，推动人类向更加开放、包容、和谐的信息社会前行。

# 9.2 分享经济将重塑商业模式

随着传统供给模式逐渐难以满足需求的困境越来越严重，传统的经济发展已经难以为继。传统产业一方面面临着"去库存"的问题，另一方面面临着资源合理化利用的问题，这种资源不对称性使得经济发展亟待寻求突破口。加之"创新"已经成为当前世界性热词，分享经济在这个时候出现恰逢其时，已成为当前经济发展的重大突破口。

当前，在资源盈余的背景下，分享经济能够在互联网时代实现资源供需的有效配置，从而解决资源搁置而造成的浪费，同时也满足了需求方的多样化需求。同时，人们的观念也发生了改变，从"产权所有"的观念转向了"使用权分享"的观念。在传统经济下，人与人之间的交流大多是因为时空的限制而受阻，然而，分享经济下这种情况彻底被打破，即便是陌生人群之间也可以实现资源分享。可以说，分享经济将重塑商业模式。

分享经济重塑商业模式主要表现在以下几个方面：

## 1. 人类社会正从分工经济走向分享经济

在分享经济之前的工业化时代，衡量经济是否增长，主要是将生产、效率、产出率作为侧重点，而解决这个问题的最好办法就是社会分工。推动劳动分工，通过分工产生效率，通过市场化交易实现资源最优化，达到实现产出最大化的目标。但是随着人类所参与的社会化活动越来多，日益细化的社会分工和市场分工使得生产效率得到了很大的提升，同时也带来了过剩，由此引发了市场交易成本居高不下，交易率降低、经济增长率降低等现象。从这个意义上来看，经济发展从分工经济向分享经济发展就会是必然的。

分享经济取代分工经济的原因有以下两点：

（1）分享经济有效解决产能过剩的问题。分享经济是为他人提供产品和服务的一个过程，同时也是解决当前存在产能过剩问题的关键。

以我国的互联网租车鼻祖滴滴出行为例。滴滴出行实际上就是利用移动互联网技术，把在不同时间和空间上的双方连接起来，其中一端是具有时间盈余的私家车车主和闲置的私家车，另一端是有车辆出行需求的乘客，通过分享经济平台将这两端整合到平台上。人人动手，大众参与，很大程度上解决了车辆供给和需求之间的信息不对称问题，从而使得供需双方能够在同种资源上得到完美的匹配，实现了人人随时随地分享车辆。

看一个国外的例子。美国的著名出租车公司 Zipcar 公司，就是把这种闲置的车辆以及其相关信息通过网络平台发布出去。Zipcar 的会员可以通过网络平台或者电话搜索到自己需要的车，从而在距离自己最近的地方就可以找到符合自己的价位需求、车型需求等。然后选择并预约用车，用完之后在约定的时间内将车开回原来的地方。

之所以这种分享经济商业模式能够实现可持续发展，关键在于在整个过程中，既是一种分享式消费，也是一种消费式分享。在这个分享消费的过程中，也有效解决了产能过剩的问题。

（2）分享经济是一种绿色、可持续发展的经济模式。分享经济通

过互联网平台将各种闲置资源进行整合，然后将大量的闲置资源进行重新分配，使其利用率得到最大限度的提升。显而易见，分享经济是适应当前绿色消费理念的一种商业模式，是一种具有可持续性的商业模式。

当前，各种生产、信息技术不断发展，使得生产效率大幅提升，产品增长率不断提升，这就造成了全球生产过剩的情况，并且导致库存积压问题严重，造成了极大的资源浪费。分享经济的出现，通过互联网将那些过剩的闲置资源进行整合，并加以重新利用，资源浪费的情况自然就得到了有效的缓解。

## 分享经济重塑商业模式的表现

1　人类社会正从分工经济走向分享经济

2　在发展分享经济中推动创新驱动和转型发展

### 2.在发展分享经济中推动创新驱动和转型发展

实现分享经济推动创新驱动和转型发展应当从以下两方面入手:

(1)人人参与、人人分享。发展分享经济就对社会诚信提出了要求,也要求社会大数据对外开放,人人参与,人人分享,从而实现"人人为我,我为人人"的合作共赢与创新发展。总之,分享经济有利于实现大众创业、万众创新,有利于提升我国经济结构的调整和转型升级。

(2)注重诚信体系的搭建。分享经济是一种人人参与、人人分享的经济模式,但同时也对参与者和分享者所提供的信息的真实性和有效性提出了很高的要求,其背后也是需要强有力的诚信体系做保障的。

分享经济有助于社会诚信体系的搭建和政府职能的转变。分享经济重在人人参与、人人分享,但保证这两点实现的关键在于要有良好的诚信体系,只有这样才能真正保证平台上的每个参与者都能够获得真实、有效的信息资源,这也是确保分享经济市场良性循环的基础。否则,必将使人们获得的信息失真,进而带来风险,最终影响经济效益。所以,分享经济的发展必然需要诚信体系的建设,从而提升每个参与者的信誉度。与此同时,还要通过开放社会大数据,实现各类数据信息的共享,在大数据平台的支持下进一步完善社会诚信体系,从而为分享经济的发展创造一个健康的环境。

# 9.3 分享经济将成为改变世界的创新经济模式

如今，越来越多的人在出行的时候不选择出租车，而是用 Uber 出行这样的 App 软件来约车；越来越多的人在旅游住宿的时候，不选择酒店，而是选择 Airbnb 平台上选择一家当地人家里住宿；越来越多的人已经不去餐馆解决饥饿问题，而是选择聘请私厨在家做饭。仅仅从与人们生活息息相关的食、住、行三方面已经看出了分享经济正在改变着人们的生活方式。可以预见，在未来分享经济必然会成为改变世界的创新经济模式。

## 1. 分享经济是一种租赁经济模式

站在经济学角度来看，分享经济是当前互联网时代的一种租赁经济模式。即出售的是物品使用权，而并不是所有权，其所有权依然归物主所有。通过在一定时间内将物品的使用权出售，让他人通过分享使用权而获得需求上的满足，并在租期结束后将物品归还给物主。当然，这种以租代售的形式可以在一定的时间内租给一个人，也可以同时租给多人使用。

美国旧金山的一家名为 Yard Club 的公司，允许承包商之间彼此租赁机械设备。建筑设备租赁已经是每年近 400 亿美元的产业，但是 Yard Club 正试图建立一个更加成熟的在线平台。

建筑承包商必须在业务前期做大量投资，且不确定多少设备在未来能够被充分使用。因为承包商的工作经常不稳定，可能会在一段时间内项目很多，但在其他某一时间段内会处于清闲状态。因此，建筑业的那些重型机械，如挖掘机、推土机等在很多时候也便会跟着处于闲置状态。Yard Club 的目的就是为了将这些闲置的重型机械的价值实现最大化，有效提升其利用率，允许承包商通过租赁闲置设备的方式，让这些设备能够高效运转起来。这样当自己生意好设备却不够的时候，可以从其他承包商那里租用设备；当自己的设备闲置的时候，可以将设备出租给其他有需要的承包商，一方面让闲置资源得到了合理利用，另一方面还可以从中获得相应的租赁回报。

分享经济是建立在互联网基础之上的，具有互联网免费特点的基因，因此基于互联网的分享经济在实现的过程中减少了交易成本的同时，也通过网络平台减少了信息的不对称性。这种交易成本的降低，使得在各自企图收益最大化的目标下，无论是劳动者、企业家，还是消费者，都在自发地进行利益博弈，从而打破了传统的创业模式，也重构了三者之间的关系，最后形成了全新的、低交易成本的商业模式。这种方式对于消费者来讲，则从原来的购买者角色转换为租赁者角色。

### 2. 供应方：个体经济强势回归

传统企业的形成是与交易成本的高低有着密切关联的。分享经济鼻祖科斯认为："市场和企业是两种可以相互替代的资源配置手段，企业最显著的特征就是对价格机制的替代。两者之间的区别在于，在市场上，资源配置由价格机制自动调节；在企业里，资源配置由权威的组织来完成。"

实际上，不论是企业还是市场中，都少不了成本的存在。企业的成长是随着交易成本的提升而逐渐扩大的，而企业越大，则其成本则可能越高。在分享经济下，互联网的普及使得交易成本逐渐减少，同时也使得信息的不对称性有效降低，这样就使得传统企业的边界逐渐收缩。互联网提升了供需双方匹配的效率。

在匹配效率提升、交易成本降低的情况下，传统的企业边界"劳动者→企业→消费者"逐渐挤压为"劳动者→分享平台→消费者"，完成了对传统商业模式的破坏，并在其基础上进行了创新。这种模式具体表现为个体经济借助互联网技术的强势回归。

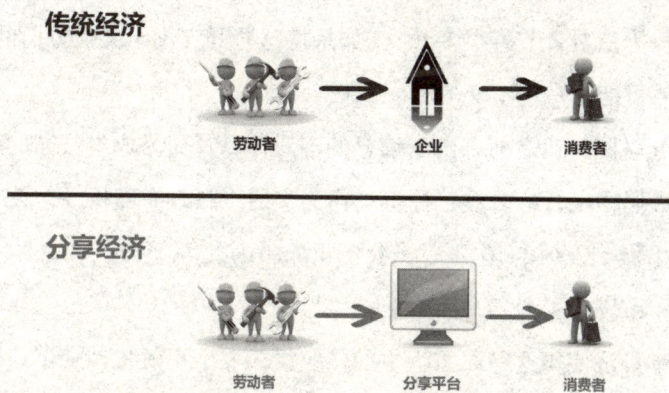

**传统经济**

劳动者　　企业　　消费者

**分享经济**

劳动者　　分享平台　　消费者

以出租车市场为例。在之前，出租车公司还没有成型，私家车正在开始普及的阶段，居民想要满足出租车服务的需求，只能通过那些非正规的出租车个体户来实现。然而，信息不对称使得交易成本非常昂贵，也正是这一点使得出租车个体户所构成的市场一直难以扩大。

出租车公司为广大乘客带来了标准化、正规化的服务体验，使得交易成本降低，同时也很大程度上激活了市场的需求。最终，出租车公司取代了个体租户，占据了汽车出租市场的主导地位。Uber 和滴滴出行的出现，则在传统出租车模式的基础上，给用户带来了更加优越的服务体验。例如专车、顺风车等出租车个体户能够对消费者需求给予更加高效、优质的服务响应。也正是如此，使得个体户出租车强势回归出租车市场。总而言之，作为供应方，在分享经济的颠覆性作用下，个体经济借助云计算、大数据、物联网、移动互联网技术实现了强势回归。

### 3. 需求方：以买为主到以租为主

在传统的观点来看，购买商品的主要目的是为了满足使用需求，但是在当前的分享经济下，满足使用需求并不一定只能通过购买来实现，通过购买物品的使用权同样可以实现使用的目的。并且这种以租代买的方式可以为消费者节省很多开支，如果将这些开支用于其他方面的投资，获得的将可能是一笔不菲的利润回报。

在互联网时代之前，由于信息的不对称以及交易成本过高的原因，再加上人们在出行的时候选择汽车作为交通工具具有随机性，使得打车租赁难以做到及时与消费者需求相匹配。因此大部分人还是购买了汽车，汽车市场以买为主，而不是以租为主。

分享经济使得这种以买为主的传统模式发生了颠覆性变革，使其转变成为以租代买的形式，不但节省了开支，还缓解了闲置车辆资源造成的浪费。在云计算、大数据、互联网、移动互联网技术的推动下，汽车租赁市场能够低廉、高效地实现汽车租赁从而达到供需平衡。

根据著名的分享经济研究者杰里米·里夫金的研究表示："汽车共享的成本只有私家车的20%，却可以使总体福利水平最大化。尽管这样一来汽车的产量和销量有可能减少80%，但依然非常值得推广。而汽车制造商之所以对从私家车向协同共享汽车的转变抱以如此大的热情和支持，是因为他们知道这样的服务会使行驶在公路上的汽车数量急剧减少。"

## 分享经济将成为改变世界的创新经济模式

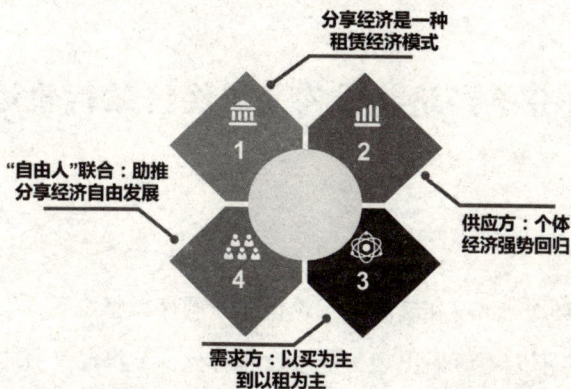

根据我国当前汽车市场的实际情况来看，目前，我国诸多大城市限号行驶等已经给汽车所有权进行了"打折"，这也使得我国汽车租赁行业给汽车购买造成了强大的冲击。

### 4."自由人"联合：助推分享经济自由发展

分享经济同时也给供给方和需求方在进行相互选择的过程中提供了更多的选择空间，从而使得个性化定制的实现成为可能，这样就使得分享经济在一定程度上出现了"自由人"联合。分享经济的这种"自由人"联合模式，实际上是跨越供需双方之间的信用缺失障碍，从而使得交易在更加自由的基础上完成，因此很大程度上推动了分享经济的自由发展。

分享经济下，供需双方之间交易的达成是建立在高度信任的基础之上的，没有相互之间的信任，很难想象一个消费者会去乘坐一个陌生人的车。

总而言之，分享经济作为一种"破坏式创新"，对当前经济的快速发展具有很大的推动作用。

# 9.4 分享经济将重构未来经济运行轨迹

随着 2015 年 Uber 和滴滴出行轮番地狂刷存在感之后，一大波分享经济型企业如雨后春笋般出现，这也意味着分享经济已经真正地走进了我们生活中的方方面面。

分享经济是互联网时代，通过供需方的精准匹配，实现信息撮合的一种商业模式，为有价值的闲置资源、零散时间、特殊技能等创造一个分享环境，从而达到供需匹配的便利，让供需双方都能够通过分享平台获利。然而，在这个人人参与、人人分享、人人获利的分享经济下，整体经济的运行轨迹也将发生巨大的变化，一场经济运行轨迹的重构不可避免。

### 1. 分享经济是有别于租赁经济等传统经济的新模式

首先，分享经济是建立在资源处于闲置状态的基础之上，这里的资源可以是有形的，如图书、物品、车辆、房屋、现金等，也可以是无形的，如知识、技能、经验等。

其次，参与分享的双方都能够通过分享获利，实现共赢。资源所有者向使用者出售使用权，并获得相应的回报；资源使用者通过购买该资源在一段时间内的使用权而付出需要的服务价值。

再次，连接所有者和使用者之间的桥梁就是第三方分享平台，搭建平台的既可以是个人也可以是企业或者政府。几乎所有的平台都是作为一个链接来撮合供需双方达成交易，而不拥有和直接提供闲置资源的服务。

显而易见，资源匮乏和短缺的状况下是无法实现分享经济的，同时分享经济下，物品的权限是非常明显的，供给方既作为资源的所有人，同时也能够及时对物品的使用权进行监督，从而保证资源能够不受损坏和侵蚀。

另外，分享经济也是与租赁经济有一定的区别的，在租赁经济中，出租的内容仅仅是有形的资产，而分享经济则不同，无论是有形的还是无形的资产都可以作为分享的内容；在分享经济中，不存在相关的契约或合同来维护交易双方的权益，而只是通过人与人之间建立起来的信任关系来维系；租赁经济下是不存在第三方分享平台的，而是由交易双方之间之间进行交易。

也正是分享经济的出现，使得传统的租赁经济模式发生了巨大的变化，通过一种"破坏式创新"，使得当前的租赁模式呈现出自己独有的印记和特色，进而给经济的发展带来了巨大的影响。主要体现在以下两个方面：

一方面，互联网的出现推动了市场交易参与者（包括供给方和需求方）信息的不对称性难题得以解决，很大程度上降低了搜索成本，加之在大数据、云计算、物联网、移动互联网的大力推动下，第三方平台不但可以将闲置资源信息向外公布，还可以将供需进行快速匹配。

另一方面，在互联网的作用下，人与人之间的信任关系得以重建，进而使得资源分享成为可能。更重要的是，互联网平台上搭建的第三方支付平台、评价体系已经逐渐完善，这在很大程度上化解了信任危机，为分享经济的实现构建了一条"防护墙"。

在淘宝网上，消费者对于商家是非常陌生的，但是往往会根据其他买家对商家商品的评价来选择购买自己需要的商品，这就是建立在互联网基础上构成的全新信任关系。

## 分享经济将重构未来经济运行轨迹

① 分享经济是有别于租赁经济等传统经济的新模式

② 分享经济颠覆和改变了以往通过不断投入来换取新经济增长点的传统思路

③ 分享经济与当前全球提倡的保护生态环境的绿色经济理念相吻合

**2. 分享经济颠覆和改变了以往通过不断投入来换取新经济增长点的传统思路**

当前，全球人民在价值观上已经基本上达成一致，如节约资源、减少浪费、加强环保、讲究体验至上、追求多元化需求、努力增加收入等，这些为分享经济的实现提供了一臂之力，也正是如此使得分享经济能够在全球范围内的企业、城市当中得到认同和快速发展。

分享经济主张的是通过将社会闲置资源包括物品和服务进行分享，提高资源的利用率，这种思想已经从根本上颠覆了传统通过不断投入来换取新经济增长点的传统思路。另外，分享经济能够弥补传统经济受时间和空间限制的弊端，使得资源供应链不再受到时空的束缚，呈现出一种全新的资源分配和经济增长方式，这种商业模式充分体现了对传统经济模式的改进和提升。

实现分享经济的更重要的意义还在于，与当前初创企业运营所需的资源充分堆砌造成浪费的商业路径完全不同，分享经济下的创新企业，在进入市场的过程中，低门槛、低成本、高效率，加快了创新企业的快速嵌入和快速成长。

根据中国最大的融资服务交易平台——投融界调查所获得的大数据显示："分享经济创业项目的数量近两年在中国逐年攀升，其中在2015年有1388个投资机构共投资1.5万个项目，而在2016年上半年更是超过了2015年全年的总和。更为重要的是，分享经济中的商业公司能够跨越产品融合、文化融合的壁垒，并都以轻资产的方式运行，因此极易形成快速扩张之势，大大缩短了跨国公司的成长周期。"

### 3. 分享经济与当前全球提倡的保护生态环境的绿色经济理念相吻合

分享经济是一种全新的经济商业模式，同时也代表了一种全新的商业理念。正如工业4.0对应的是工业文明的发展一样，分享经济所对应的是生态文明的发展。分享经济所体现的是一种更加符合当前全球倡导保护生态环境的绿色经济理念，分享经济下的企业成长和发展必须是在保证生态环境不被破坏的基础上进行的分享和消费，从这一点出发，既可以加快企业的快速发展，同时也可以驱动生态资源的保护与优化。

由此可见，分享经济并不是一种平庸的经济模式，而是更加适合当前整体经济发展，能够加快企业快速成长的经济模式。分享经济的出现必将使未来经济的运行轨迹发生重构。